たった10カ月でMARCH合格へ導く最強教育メソッド

The Ultimate Education Method to Guide You to Success in "MARCH" in Just 10 Months

小路永 啓多
SHOJINAGA KEITA

幻冬舎 MC

たった10カ月で
MARCH合格へ導く

最強教育メソッド

はじめに

高校3年生になると嫌でも大学受験が現実のものとして迫ってきます。高3の4月は、それまで勉強を後回しにしてきた人も「そろそろなんとかしなければ……」という焦りを感じ始めるタイミングです。そして、「国立や早慶は無理だとしても、せっかく受験勉強するなら塾や予備校にも通って、最低でもMARCHには行きたい」と考える子どもは少なくありません。

しかし、高3の4月から10カ月という短期間でMARCH合格を目指す場合、寄り道や回り道をしている時間はありません。高校3年生までに学ぶべき内容を限られた時間で復習し、さらに志望校に合わせた対策を取って効率的に知識を詰め込む必要があります。徹底的に無駄を省き、最短ルートで学力を向上できる塾・予備校を選ばなくては、合格はつかめないのです。

私はキーエンスで営業を2年半経験したのち、教育業界に足を踏み入れました。キーエンスはセンサ、測定器、画像処理機器、制御・計測機器などの開発および製造販売を行う日本の企業で、トヨタ自動車、ソニーグループに次ぐ国内3位の時価総額を誇ります（2023年1月時点）。営業力が非常に高く、入社3年で一流の営業パーソンを輩出するといわれていますが、その強さの秘訣は徹底的な仕組み化と、当たり前のことを当たり前にやるという凡事徹底の企業文化にあります。

私が入社した当時、キーエンスでは1カ月におよぶ研修で、どの社員も同じレベルで業務ができるように教育していました。さらに、現場には社員のパフォーマンスを最大化する仕組みが無数に組み込まれており、そのシステムは確実に成果を上げていたのです。そこでキーエンスを退職し、自身で予備校を立ち上げた際、この仕組みを生徒への教育や先生への指導に応用することを考えました。

徹底的に無駄を排除して先生の授業の質を上げつつ、生徒のモチベーションを保って最短ルートで学力を向上させる――。そのために私は10カ月でMARCHへの逆転合格を可能にする私大文系専門カリキュラムをつくり、どの先生でも同じクオリティの少人数対話式授業ができる研修制度を整えました。また、一般社団法人 School for Strengths-Based Education が開発したコーチングの資格（Positive Psychology Coaching 認定資格）をもった先生による週1回の1on1面談も行うようにしました。これにより、生徒が受験を自分ごととしてとらえることができ、自分の取り組みを振り返って次のアクションを決めるための分析を先生とともにできるようにしたのです。

キーエンスのエッセンスを取り入れた独自の教育メソッドによって、2023年には学習院大を含めたGMARCH以上の合格者が大幅に伸び、早慶上智の合格者も増えてきています。

この本では、私の塾で実際に成果を出してきた仕組みをもとに、10カ月でMARCH合格へ導く教育メソッドをまとめました。受験勉強をやり抜いた経験は、人生の選択肢を広げるきっかけになります。本書が子どもをMARCHに合格させたい親御さんにとって志望校合格に向けた最高のスタートを切るヒントになれば幸いです。

目次

Chapter **2**

無駄だらけのカリキュラム キーエンス出身だからこそ気づいた塾・予備校の問題点

Chapter 3

徹底的に無駄を省き、最短ルートで学力を向上させる

たった10カ月でMARCH合格へ導く最強教育メソッド

Chapter 4

合格を手にした先に待つのは大学生・社会人としての人生

教育メソッドで培った集中力と思考力は子どもにとっての財産となる

せっかく受験勉強するなら MARCHには行きたい

高3・既卒の4月からMARCHに合格できるかは塾・予備校選びで決まる

Chapter **1**

先行き不透明な時代、せっかくならMARCH以上には行きたい

高3の4月から受験勉強に本腰を入れる人のなかには、「今から難関国立大学や早稲田大学・慶應義塾大学を目指すのは無理だとしても、頑張ればMARCHには手が届くのではないか」と考える人が少なくありません。MARCHとは、明治大学・青山学院大学・立教大学・中央大学・法政大学の都内私立5大学の総称です。各校ともに偏差値が高くネームバリューもあり、毎年多くの志願者を集めています。

受験生を集める魅力の一つが就職率の高さです。各大学の公式発表によると、2021年度の学部卒業生のうち就職希望者の就職率は9割を超えています。各大学とも就職のサポートが手厚かったり、公務員試験に強かったりと就職支援に定評があるほか、MARCH出身者のなかには大手企業で活躍している人も多いので、就職活動の際にOB訪問の選択肢も広くなります。また、採用試験の際には企業が出身大学によってスクリーニングして

いることもあります。国際情勢の悪化や長引く不況など先行きの不透明な現代において、確実に職を手に入れたいと思う人は多く、MARCHの人気はますます高まっています。

また、MARCHの志願倍率が高まる背景に、共通テストの対策のしにくさも挙げられます。2021年に、それまでのセンター試験が共通テストになりましたが、これは単に名称が変わっただけではありません。これまで知識の定着度を試すことを重視してきたセンター試験から、思考力・判断力・表現力を重視するテストへと中身が大きく変更されています。

入試のあり方が変わった背景には、国が推進している高大接続改革があります。これは高校や大学で行われる教育と、双方をつなぐ大学受験の3つをまとめて改革しようというもので、変化の激しい時代において新たな価値を創造していく力を育成することを目指した改革です。これからの時代には、自ら問題を発見し、多様なバックグラウンドをもった人たちと一緒に協力し合って問題を解決していく力が必要だという予想のもと、共通テストでは思考力や判断力、表現力を見る問題が出されます。

その考え自体はすばらしいことで、試験の内容も「その場で考える」という点においてはふさわしいテストになっているとは思います。しかし、その単元やテーマについての知識があるかどうかは関係のないテストになってしまいました。文章が理解できれば知識がなくても解けてしまうような問題になり、コツコツと知識をインプットしてきた受験生にとって、努力が報われないテストになってしまったのです。国立大学を受ける受験生は共通テストを避けて通ることは難しいのですが、対策をしていても思うような点数が取れないことがあります。

それに対し、私立大学の入試で出題されているのは、主に努力すれば報われる知識を問うテストです。また、英語に関しては英検（実用英語技能検定）などの外部試験を活用できる大学もあります。そのため、高3でゼロから勉強を始める受験生の多くは、対策のしにくい共通テストは避け、私立のＭＡＲＣＨを目指そうとします。

このようにＭＡＲＣＨを目標に定めたはよいものの、多くの受験生がつまずくのが塾・予備校探しです。特に大手予備校などでは高1～2年生から通うことが当たり前になっており、高3から入塾しても高1～2年生で受けた授業が前提の内容となっているため、授業についていくのが難しいケースが多々あります。また、集団授業という性質上、授業についていけない場合のフォローアップが難しいという実情があります。

本来、塾・予備校選びは慎重にするべきなのですが、思っていたよりも選択肢が少ないことに気づいた受験生は焦ります。その結果としてよくある失敗が、友人が通っているからなど、カリキュラムや学習サポートの中身とは関係ない理由で選んでしまうケースです。カリキュラムが自分の志望校と合っていないために適切な対策ができなければ、わざわざ塾に通っても志望校の合格を手にすることはできません。

また、部活を引退するまでは自分のペースで受験勉強を進めようと個別指導塾や授業映像を視聴するタイプの塾を選ぶケースでは、志望校合格のためのスケジュールを自分で管理できず、受験までに必要な範囲が終わらないということもあります。

このように、MARCH以上に入りたいと思ってせっかく塾に通い始めたのに、結局はMARCHどころか、すべり止めの大学の合格も難しくなってしまうということは十分に起こり得ます。

例えば、4月に入塾して自分ではそれなりに頑張っているつもりでも、授業についていけなければ、成績も伸び悩みます。夏休みに必死に頑張ればきっと大丈夫、秋になれば成果も上がってくるはずなどと自分を励ましながら過ごすうちに成績がいっこうに上がらないまま冬になると、これではMARCHに合格できるレベルには届かないのではと焦り始めます。仕方なく志望校を下げて過去問対策を始めたものの、心から自分が行きたいと思う大学ではないので、なかなかモチベーションも上がりません。成績もボーダーに届かず、結局、塾に入った当初はすべり止めにと考えていたレベルの大学にさえ一つも受からなかったというのは、珍しいケースではありません。

高3の4月から受験勉強を始めてMARCHに合格しようとするなら、それに適したやり方で進めていく必要があります。まったく基礎ができていないのに、高1からコツコツ勉強してきて基礎が身についている生徒と同じ方法で勉強しようとしても無理があるのです。間違ったやり方でどんなに一生懸命頑張ったとしても、残念ながら合格を勝ち取ることはなかなかできません。

塾・予備校に通ったほうがよいタイプ

高3で基礎力がほぼゼロの状態から勉強に本腰を入れるのであれば、塾や予備校に通い、大学受験のことを熟知した講師のもとで効率良く知識をインプットしていくのが近道です。文部科学省の「令和3年度子供の学習費調査」によれば、高3の通塾率は受験をしない高校生も含めて約4割とされています。

大学受験を控えている高校生のなかには塾・予備校に行く必要のない生徒もいます。それは偏差値70前後の中高一貫校に通う生徒です。このような超進学校の多くは、高校からの入学組とペースを合わせながらも、高2の段階で高校の学習範囲が終わっており、高3の1年間は大学受験の対策に集中するカリキュラムになっています。学校の授業が塾・予備校で行うような受験対策の授業なので、学校の授業についていくことができれば、塾に通わなくても十分に受験対策ができます。

また地方の超進学校などで全寮制を採用しているところでは、授業を終えたら寮に戻って2時間以上自習するように、生活のなかに勉強時間が組み込まれているケースもあります。わざわざ塾に通って自分を追い込まなくても、学校に入学した時点から勉強せざるを得ない環境が整っているのです。

このような中高一貫の超進学校では、受験勉強が学校のみで完結するシステムになっているので塾に通う必要はありません。

逆に、次に挙げる内容に当てはまる人は塾・予備校に行ったほうがよいです。

◎現時点の個人偏差値が50未満

個人偏差値が50未満というのは、まだ基礎ができていないということを示します。MARCHの入試は基礎問題を中心として構成されており、大学や学部によって多少の違いはありますが、基礎問題が問題全体の7〜8割を占めています。合格最低点は6〜7割前後に設定されていることがほとんどなので、基礎問題で漏れなく得点できれば合格できるということになります。

しかし、個人偏差値が50未満の人は基礎ができていない状態であり、それを短期間に自力で身につけるのは難しいといわざるを得ません。10カ月でMARCHを目指すなら、基礎を固める授業をしている塾・予備校を選ぶ必要があります。

◎学習習慣が身についていない

MARCHの合格者の受験期の平均勉強時間は1日6～8時間ともいわれていますが、これまでまったく勉強してこなかった人が急に1日に6時間以上勉強するのはなかなか難しいものです。そのため、高3になった時点でせめて1日3～4時間程度の学習習慣があるのが望ましいですが、自力で3～4時間集中して勉強できないようなら、塾・予備校に行って、勉強せざるを得ない環境に身を置くべきです。

その場合、きちんと学習習慣が構築されるスケジュール管理や課題設定、定期的な面談によるスケジュール修正や課題設定のサポートを受けられるかが重要なポイントとなります。

◎コツコツと努力を続けるのが苦手

高3の4月からスタートしたとしても、受験勉強は10カ月間続きます。特に私大文系の受験では膨大な量の知識を、時間をかけてインプットしていかなければなりません。

もし、コツコツと努力をしていくことが苦手なら、塾・予備校に通ってサポートを受ける道を選ぶべきです。その場合もやはり年間を通したスケジュール管理や調整、取り組む課題を設定する際のサポート体制があるかどうかを確認して選びます。

いつ頃から塾・予備校に通い始めればよいかというと、志望校や目的によって最適な時期は異なります。

例えば、国公立大学や医学部を目指すのであれば高1、もしくは中学時代から通う人の割合が高くなります。5教科7科目をカバーするには、それくらい長いスパンで勉強していかないと受験までに間に合わないからです。

早くから塾・予備校に通っていればその分基礎的な内容を早く定着させることができますし、学習習慣も身につきます。早い段階から毎日3〜4時間の勉強をする習慣があれば、高3になったときにも無理なく受験勉強を進められます。

その一方で、塾・予備校には通えば通うだけ費用はかさみます。また、志望校が定まる前に塾・予備校を選ぶと、実際の志望校の出題傾向とその塾・予備校のカリキュラムが合わなくなってくる場合があります。塾・予備校のシステムが自分に合っていなくても転塾はなかなか難しく、結局同じ塾・予備校に通い続けざるを得ない人も少なくありません。

私立文系の大学を志望するのであれば、高3から通い始めたとしても必ずしもタイミングが遅いということはありません。特にMARCHについては、MARCH合格のためのカリキュラムに特化した塾を選べば、高3からでも受験本番までに合格できるだけの実力を養うことができます。

受験勉強の始まりは「自分に合った」塾・予備校選びから

現役生の場合は大学受験のための塾選びは初めてであり、本人はもちろん、保護者もどの塾に通わせるべきか判断基準を持ち合わせていないことがあります。そのため、子どもが選んだ塾に通わせるという流れになりがちなのですが、高校生が自分で塾を選ぶと、友達が通っているからとか、学校や家からの距離が近いからという理由が決め手になってしまうことが多くあります。

しかし、塾を選ぶうえで大切なのは自己分析です。自分の現在の学力はもちろん、学習習慣が身についているのか、受験勉強をしていくうえで自己管理ができるのかといったことを冷静に分析したうえで塾・予備校を選ぶことが大切です。

一口に塾・予備校といってもさまざまな形態があり、環境にも差があります。塾・予備校は授業の形式によって、集団授業型、映像授業型、個別指導型、自学自習型の4つに分けることができます。

この4つの型のうち、どのタイプが良いという絶対的な答えがあるわけではありません。自分の学力や学習習慣の有無、勉強に取り組む姿勢などにより最適な型は異なります。

◎集団授業型

どの世代でもいちばん思い浮かべやすいのがこの集団授業型です。1つの教室に20～100人超の生徒が集まり、講師の授業を聞くというスタイルで進められます。講義は高校の授業で学ぶ基礎レベルを理解していることが前提で行われます。

規模としては100人単位の授業の大手予備校もあれば、1クラスの人数が20～30人の中規模なところもあります。中規模な予備校では大手との差別化を図るために個別対応に強い面をアピールすることが多いです。

大手であっても中規模であっても、多くはプロの講師が授業を担当しているので、クオリティの高い授業を受けることができます。

自分に集団授業型が合っているかどうかを判断するポイントは3つあります。

1つ目は基礎学力が身についているかどうかです。集団授業型の場合、特に大手予備校であれば人気講師による非常に品質の高い講義が受けられるのは大きなメリットですが、その授業を理解するには高2までの基礎的な内容が完全に身についていることが前提とされます。大手予備校に通うなら、学力の目安としては高校偏差値60以上の進学校で学力上位層に入っていること、全国模試などで個人の偏差値が55以上あることが最低限必要なラインになると私は考えています。また、この形式の塾・予備校は高校1～2年生から通うのが一般的なので、3年生になってからの合流は難しいのが実情です。

2つ目は学習習慣が身についているかどうかです。集団授業型では予習してきていることを前提に授業が進みます。まったく勉強する習慣のない人は予習にコツコツと取り組むことができずに、授業についていけないことがあります。目安としては、高3になった時点で毎日3時間程度の学習をする習慣があれば、授業についていくための予習・復習ができると判断できます。

3つ目は自己管理力があるかどうかです。集団授業型の塾・予備校の多くでは、おのおのの学習状況をきめ細かく管理はしてくれません。自習のスケジュールは自分で管理し、授業で分からないところがあれば、自分で質問をしに行かなければならないということです。また、講師は授業専任であることがほとんどなので、科目ごとの学習のバランスをどうすればよいかなどは、自分で判断して進めていかなければなりません。

これらの3つのポイントを満たしている生徒であれば、集団授業型の塾・予備校を選ぶことで、クオリティの高い授業から多くを学ぶことができ、成績を伸ばせます。

◎映像授業型

映像授業型は事前に録画された講義の映像を視聴して学ぶスタイルです。基本的には所属する塾・予備校の校舎に登校し、自習ブースのような場所で動画を観て、質問があれば主に大学生アルバイトのチューター（質問対応を行う担任教師のこと）に聞きます。チューターも生徒がより多くの映像を観るように促すだけでなく、学習内容を定着させるために一人ひとりの生徒の習熟度を日々確認します。集団授業型と違って、校舎ごとに講義スケジュールが決まっているわけではないので、それぞれの生徒が自分の予定に合わせて通うことができます。また、同じ講義映像が配信されるため、都心であろうと地方であろうと、住んでいるエリアに左右されることなく同じクオリティの講義を受けることができます。

ただ、映像授業型で使われる動画は、大手予備校の人気講師の講座を録画したものであることが多いため、映像授業型でも集団授業型と同じように、基礎学力や学習習慣が必要とされます。

加えて、45～90分といった長時間の講義動画を集中して観ることができなければなりません。対面授業のような緊張感がない分、自分で自分を律する必要があります。また、理解度をチェックする仕組みが組み込まれていない場合、動画を観ただけで勉強したつもり、分かったつもりになってしまう危険性もあります。

学習を個人のペースで進められるということは、自分で計画的に学習を進めなければならないということでもあります。きちんと計画どおりに学習できなければ、受験までに必要な講義をすべて消化できないという事態も起こり得ます。

部活をしながら受験勉強を進めたいという明確な理由があり、自分でスケジュール管理ができる人であれば、映像授業型を選ぶと自分に適切なペースで受験勉強を進めることができます。

◎個別指導型

講師1人が生徒1～2人程度（塾によっては4～5人）を同時に指導するというスタイルで、講師は大学生のアルバイトであることがほとんどです。多くの場合、一人の生徒が練習問題を解いている間に、もう一人の生徒への解説をするという形で進められます。通っている生徒は小中学生がメインで、例えば、ある大手個別指導塾では、大学受験をする高3・既卒生の割合は全体の1~2割程度です。個別指導型は大学受験よりは公立の高校受験に強い形態です。

講師と生徒との距離が近く十分に目が届くため、それぞれの生徒のレベルやペースに合った指導が受けられるというメリットがあります。

ただ、カリキュラムの遅れなどを理由にコマ数を増やすように提案され、気づけば入塾前に案内されたよりもずいぶん費用がかさんでいたということもあるので注意が必要です。

私立文系の大学受験は膨大な量の暗記ができるかどうかが合否を左右しますが、個別指導型では個人が覚えられるペースに合わせて学習していくので、受験までに必要な知識をインプットしきれないというリスクがあります。

また、講師はほとんどがアルバイトの大学生であり、すべての大学の受験情報に精通しているわけではありません。研修が充実していないところだと、講師の質に大きな差があるというのもデメリットの一つです。

ただ、個別指導型は1科目だけ突出して苦手だという場合にはおすすめできます。例えば、帰国子女で英語は高得点が取れるだけの読解力があるけれど、日本語の語彙力が不足しているために国語の点数が低くなってしまうというような場合です。そのような極端なケースでなければ、大学受験において個別指導型の塾・予備校を選ぶのは避けたほうが無難です。

◎自学自習型

授業をまったく行わないのが自学自習型の塾です。基本的に授業は行わず、塾が指定した参考書を使って自ら学習していくスタイルです。主にアルバイトの大学生がコーチとして生徒と一緒に指定の参考書の学習計画を立てて進捗を管理したり、口頭によるテストを行ったりします。

授業がまったくないので、本人の学力や志望校に応じて参考書を選び、自分のペースで進めていけるというのが自学自習型のメリットです。参考書は中学レベルから大学受験レベルまでそろっているため、自分のつまずいたところにさかのぼって、ゼロから受験勉強を始めることができます。ただ、自学自習というスタイルのため、自身で参考書の解説を理解して進めていかなければなりません。知識がゼロの状態で参考書だけを頼りに勉強していくのは大変です。

塾にはアルバイトの大学生がコーチとして常駐しているものの、教えてくれるのは参考書の内容の解説ではなく、参考書の使い方です。分からないことを質問しても、参考書の該当ページにある解説を読むように言われるだけです。

志望校に合わせて、どのように参考書を選んでいくのかという参考書ルートが存在しており、そのルートに合わせて計画を立てること自体は簡単です。しかし、計画をスケジュールどおりに実行するのは難しいものです。計画どおりに進んでいない場合、計画を補正しなければなりません。そのためには、計画を管理するコーチの存在が不可欠ですが、大学生のコーチでは自身の経験則に基づいたアドバイスが中心となります。自学自習型の塾で志望校合格を目指すのであれば、参考書を自力で確実に理解する力や、計画を補正する力が求められるのです。

それぞれの型の特徴と学力や学習習慣の有無、自己管理能力などを照らし合わせて、最適なのはどの型なのかを選ぶようにします。

塾・予備校選びは合格のために必要な努力

10カ月でMARCHへの合格を目指すなら、塾・予備校のタイプを知ったうえで志望校に合った選択をすることが大切で、効率良く成績を上げるシステムになっていることが必要です。塾・予備校を検討するときには、次の3つの観点から候補を選んでいきます。

①授業が多過ぎないか

授業は多ければ多いほど成績が上がるのではないかと考えている人もいるかもしれませんが、成績を上げるために必要なのは授業ではなく自習です。授業で得た知識を活用して自習をすることで、学習内容が定着していくからです。

一般的な大手予備校等でどんどん成績を上げていくような学力の高い生徒は、自分に必要だと思う授業だけを厳選して受講し、あとは自習のために多くの時間を使います。

これに対し、ゼロから受験勉強を始める生徒ほど、授業をたくさん受ければ成績が上がると勘違いして授業時間が多い塾・予備校を選びがちです。授業を受けただけで満足して授業の内容を消化できないままになってしまい、なかなか成績が上がらないというのはよくある失敗です。

集団授業型や映像授業型の塾・予備校では、生徒が予習してきた内容について講師が解説していく形式で授業が行われています。授業のレベルも高いために、生徒は予習に多くの時間をとられます。基礎が身についていなければその分予習にも時間がかかり、学習内容を定着させるために必要な復習に時間をかけることができません。授業をとっていればとっているほど予習の時間が必要になって十分に復習することができず、学んだ内容を消化できないまま次の授業の予習をしなければなりません。そうすると、たくさん授業を受けているのにいっこうに成績が上がらないという事態に陥ります。

そうならないためには、塾・予備校のカリキュラムを確認する際に授業が多過ぎないかを確認するのが大切です。4月に基礎ゼロの状態からMARCHを目指す人の場合、毎日朝から晩まですべての科目の授業に出るようなスケジュールでは予習・復習を十分に行う時間がとれなくなるので、受ける授業数を調整する必要があります。

②科目に優先順位をつけているか

10カ月という短期間でMARCHに合格するには、基本的に国語、英語、社会・数学などの選択科目の3教科を学習していきます。このなかで学習の優先順位をつけることが大切です。

最優先すべきは英語です。私立大学の文系の場合、MARCHやほとんどの大学で英語の配点がほかの科目に比べて1・5〜2倍に設定されています。英語という科目は、ほかの科目に比べて成績が伸びるまでに時間がかかります。そのため、10カ月での合格を目指すなら、優先順位が最も高いのは英語だということになります。

その次に優先すべきなのが選択科目です。なぜなら、国語に比べて時間をかけた分成績が伸びやすいからです。いわゆる暗記科目と呼ばれる社会（日本史・世界史・政治経済・

地理など）はもちろん、文系の数学（ⅠA・ⅡB）も同じです。問題を解く方法をパターンとして暗記して、問題を繰り返し解くことで成績が伸びるからです。

これに対して、国語は繰り返し学習したとしても点数を取れる分野が限られます。それは、現代文の漢字や言葉の意味、古文の単語や知識等を問う問題くらいであり、配点も100点満点中15～20点に過ぎません。残りは現代文や古文の読解となるので、選択科目に比べると覚えていれば確実に得点できる問題の割合が少なくなります。そのため、優先順位はいちばん低くなります。

③定期的に面談を行い、学習管理を行ったり個別課題を出したりしてくれるか

成績を上げるのは授業ではなく自習であり、自習時間を最大化して学習効率を上げることが志望校合格のためには必須です。しかし、実際にMARCHに合格する生徒であっても、自力で1週間の適切な学習計画を立てられる人は決して多くありません。さらに数カ月先を見通して、そのときの成績に合わせて最適な課題や量の調整、各科目のバランスを適切に分析し設定できる人はさらに少なくなります。

そのため、塾・予備校が一人ひとりの生徒の学習管理をしたり、個別課題を出したりといった対応をしてくれるかどうかは重要なポイントです。

志望校合格を見据えた塾・予備校選び

通いたい塾・予備校の候補を絞ったら、説明会に足を運び、個別相談や体験授業を受ける流れになるのが一般的です。その際にチェックしておきたいポイントは次のとおりです。

- 授業の復習テストは、どれくらいの頻度で実施されるか
- 保護者が子どもの出席を確認できるシステムはあるか
- 保護者が確認できる成績閲覧システムはあるか
- 塾・予備校は午前から開室しているか
- 授業以外の面談などは、誰が、どのように、どれくらいの頻度で行うのか

●自習時の質問対応はどのように行われるのか
●年間授業料以外にかかる費用（教材費・夏期・冬期など季節講習費用）の目安はどれくらいなのか
●体験授業は何回受けられるのか

既卒生であれば、塾・予備校が午前から開室しているかは非常に重要です。また、映像授業型や個別指導型では特に、年間授業料以外にかかる費用を確認しておかないと、季節講習や進度の遅れを取り戻すためのコマ数の追加などによって、想定していたよりも多額の追加費用が発生する可能性があるので注意が必要です。

なかには説明会や体験授業の当日に入るかどうかを決めさせようと、強引な営業をする塾・予備校もあります。入会申込書を提出しないと体験授業を受けられない、帰ろうとしてもしつこく引き止められたという話を聞くことも珍しくありません。

部活と両立できる塾・予備校の選び方

部活をしながら塾・予備校に通うのであれば、部活の終了時間や引退時期を踏まえて受験勉強を始めるべき時期とやるべき内容を知っておくことが大切です。高校時代に部活に打ち込んだ経験は、人生において大きな財産になります。仲間とともに目標に向かって頑張った経験や厳しい練習にも耐えてやり抜いた経験は、受験においても強力な武器になるのです。また、部活で培った体力や精神力などを活かして、志望校合格を勝ち取る受験生は少なくありません。ただ、そのためには正しい環境を選ぶ必要があります。現役生で部活をしている場合は、およそ次の3つのパターンに分けられます。

(A) 部活が週3〜4日あるが、18時30分には塾に到着することができる
(B) 部活が週6〜7日あって、塾に到着できるのが19時30分以降、

引退時期は高3の7月頃

(C) 部活が週6~7日あって、塾に到着できるのが19時30分以降、引退時期は高3の夏~秋頃

(A) 部活が週3~4日あるが、18時30分には塾に到着することができる

このパターンであれば、部活に所属していても4月から塾・予備校に通うことができます。ただ、塾・予備校の授業についていくには、高2までに学ぶ基礎を完全に理解していることが必要です。

ここでいう基礎というのは、英語でいえば模試で6~7割の点数が取れていて、中学の内容が確実に身についているというレベルです。

これまでに勉強をしてこなかった人は、英語の5文型すら理解できていないことも珍しくありません。5文型は本来中2で習う基礎中の基礎で、英語の基礎的な構造把握のために必須です。これが身についていないということは、高1~高2の内容はもちろん、中学英語の内容も正確には理解できていない可能性が高いです。その状態では模試を受けたとしても、6~7割の点数を取ることは困難です。

だからといって、多くの大学受験のための塾・予備校では、基礎が身についていない人のために中学生の範囲までさかのぼって教えることはしません。それどころか、高2までの内容は完全に理解しているものとして授業が進みます。高2までの学校の授業に自力でついていくことができ、高2レベルの問題を自力で解くことができて、解説も含めて理解できるという状態でなければ、塾・予備校ではどんどん置いていかれることになります。

そのため、基礎から学べるカリキュラムを組んでいたり、授業についていけるように手厚くフォローしてくれたりする塾を探す必要があります。

(B) 部活が週6~7日あって、塾に到着できるのが19時30分以降、引退時期は高3の7月頃

部活がほぼ毎日あり、引退時期が高3の7月頃であることが分かっているなら、高2から受験勉強を開始する必要があります。MARCH以上を目指す場合は、遅くとも高2の夏から始めておきたいところです。

なぜなら、高3の7月に部活を引退してから受験勉強を始めたのでは時間が足りないからです。MARCHレベルを目指すのであれば、膨大な量の知識を暗記しなければなりません。情報をインプットして記憶を定着させるには、ある程度の時間が必要になります。部活をやりながらMARCHを目指すなら、受験勉強開始のタイムリミットは高2の夏です。

また、大学受験に必要な学習習慣をつけるためにも、高2の夏から始めておきたいところです。習慣はそう簡単には身につきません。部活の引退とともに本格的な受験勉強を開始するには、夏から始めて高2の終わりには学習習慣が身についた状態である必要があります。

勉強の習慣を身につける方法として、高2の夏から近くにある映像授業型の塾・予備校で週2～3回の動画授業を視聴することから始めるという手があります。塾に到着するのが19時30分以降ということは、一般的な塾・予備校の通常の授業開始時刻には間に合いません。しかし、動画授業であれば部活で帰りが遅くなっても自分の時間に合わせて視聴することができます。そうやって高2の夏から週2～3回のペースを保って動画視聴をしていくことで、学習習慣を身につけていきます。

このときに重要なのは、成績が伸びるまでに時間がかかる英語と、時間をかければかけるほど成績が伸びやすい選択科目を重点的に学ぶということです。

どんなに疲れていても、この週2～3回のペースを守り、映像を集中して視聴し、復習するというサイクルをこなしていけば、高3の7月に部活を引退するまでにはMARCH以上の合格に必要な時間の確保と勉強の習慣づけができます。

ただ、映像授業型の塾・予備校では、集中して視聴できているか、復習がきちんとできているかの管理はしてくれないので、自己管理能力が必要です。

（C）部活が週6～7日あって、塾に到着できるのが19時30分以降、引退時期は高3の夏～秋頃

ほぼ毎日部活があって、塾への到着が19時30分以降となると、部活後に通おうとしても通常授業には間に合いません。さらに部活の引退の時期も高3の夏～秋頃だとすると、部活引退後に通常の塾・予備校に通い始めるのはほぼ不可能です。

その場合は（B）のパターンと同様、受験勉強を高2の夏から始めておくのが一つの手

です。受験勉強に必要な時間の確保と勉強の習慣づけを、部活を引退するまで継続します。これができればMARCH以上の合格に必要な基礎学力は身についているはずです。

そして、高3の夏～秋頃に部活を引退したあと、10月くらいから大学入試で重要な過去問対策などの応用に入ります。ここで重要なのはインプットとアウトプットを並行して行うことです。現役生によくあるのは、大学入試本番が近づくにつれて過去問演習ばかりに偏りがちになることです。

MARCH以上の難関私大であっても、入試問題では出題の7～8割が基礎問題です。合格最低点は大学や学部によって違いがありますが、大抵が7割前後になります。そのため、私大文系においては最後の最後まで基本のインプットを続けることが非常に重要です。

高2の夏から基礎力を身につけるための努力をしておけば、高3の夏～秋頃に部活を引退してから全力で大学受験勉強に打ち込み、インプットとアウトプットを並行して続けていけます。高2の夏からハードな部活と並行して映像授業型の塾・予備校で週2～3回の授業を集中して視聴し、復習もこなせるだけの高い自己管理能力が必要だというのは、（B）のパターンと同様です。

無駄だらけのカリキュラム

キーエンス出身だからこそ気づいた
塾・予備校の問題点

Chapter **2**

部活に熱中していた高校時代の失敗

私の経営する塾では、高3の4月から始めてゼロからMARCHを目指す生徒の合格をサポートしています。なぜゼロから始めて10カ月という短期間でMARCHへの合格が可能なのか、どうしてそのような塾をつくろうと思ったのかは、私自身の歩んできた道と大いに関係しています。

私は早稲田大学を卒業して、新卒でキーエンスに入社し、その後起業して今に至ります。早稲田大学といえば歴史も古く知名度も高くて受験生で知らない人はいない大学ですし、キーエンスは学生が選ぶ人気企業ランキングでは常に上位にランクインするような会社です。「早稲田大卒」という学歴や「新卒でキーエンス」という職歴だけを切り取れば、希望どおりに順調に進学して就職したように見えると思います。しかし、その陰には2浪して心が折れ、絶望に沈んだ日々もあったのです。

高校受験ではサッカー部に入部することを目的に、当時、偏差値50程度の都立高校に入学しました。幼い頃にサッカーを始め、小学校・中学校はクラブチームに所属、高校3年生のときには部員100人以上をまとめるキャプテンを務めて全国の舞台を目指していました。その大人数の部で、私はキャプテンとしてチームのあらゆる決定権を与えられることになったとき、当時から「意味のないことはしたくない」という気持ちが強かったため、自分が無駄だと思ったことを変えていったのです。

例えば、プレーするうえでは意味がなくて非効率だという理由から敬語を禁止したり、ボール磨きは学年に関係なく全員が平等にするようにしたりといった具合です。そうやって高校時代は部活のことばかりを考えていたように思います。親も進路について口うるさく言ってくることはなかったので、受験のことはまったく気にしていませんでした。

夢中で取り組んでいたサッカー部を引退したのは高3の10月中旬のことでした。しかし「これからは受験に向けて勉強を頑張ろう」と考えるようになったときには、すでにセンター試験の申し込みが終わっていたことを知ります。

そんなありさまだったので、現役時代の受験はほとんど受けた意味もない不戦敗のような状態で、すぐに浪人することを決めました。サッカー部の仲間たちも同じような状況に陥っている人が多く、多くの部員が浪人しました。進学したのはほとんどが指定校推薦や専門学校の人たちばかりです。これは私の代が特別だというわけではなく、そもそも通っていた高校の大学進学率が60％前後だったので、毎年同じような状況でした。高校時代に部活に全力投球してきた人にはよくある話で、当時の私はこう思っていました。

「浪人して1年間がむしゃらに頑張れば合格できるはず！」

サッカーも厳しい練習に耐え抜いて実力をつけ、認められてきました。同じように、とにかく頑張れば合格を勝ち取れるはずだと考えたのです。

その考えが間違っていることに気づくまでには、さらに1年を要することになります。

がむしゃらに頑張れば合格すると思っていた1浪時代の勘違い

浪人することを決めた同級生たちの多くは、都内にある大手予備校に通い始めました。

一方私は、周囲に誘惑の多い立地で仲の良い友達と一緒だと勉強するよりも遊びたくなってしまうように思い、あえて都内からは離れた大手予備校に通うことにしました。

その予備校は自習室の利用しやすさを前面に押し出しており、私は4月から毎日10時間自習室で勉強し、利用者ランキングのトップ5に常にランクインしていました。受験本番を迎えるまで、私は1カ月の自習時間が300時間を下回ることはなく、「頑張れば必ず合格する」と固く信じていました。

ただ、私は受験勉強というものをそれまでまともにしたことがありませんでした。高校時代は部活に打ち込んでいたのでろくに勉強していません。そのため、「頑張る」といっても、どうやって頑張ればよいのか分かっていませんでした。

自習室にいる時間は誰よりも長く、勉強らしきことはしていました。授業は単科で選択するシステムだったので、志望していた早稲田大学対策の授業を取っていましたし、模試も受けました。しかし、実は基礎力不足で授業の内容を消化できておらず、自己分析もできないまま、ただ早稲田大学対策をうたっているからという理由で授業や模試を受け続けていたのです。今振り返ってみれば、そのようにやみくもに授業や模試を受けても合格の可能性は限りなく低いことが分かるのですが、当時は自分の勉強の方向性がズレていることにまったく気づいていませんでした。

その状態のまま、これだけ頑張ったのだから合格するだろうと受験期を迎えました。周囲も合格することを疑いませんでした。

そして、自分と周囲の思惑に反して、私の2回目の受験はまたしても不合格に終わりました。

あらゆる誘惑を退けて自分を追い込み、あんなに勉強したのに……と、心が折れてしまった私は、家に引きこもりました。誰にも会いたくないし、何もしたくありませんでした。母はそんな私を心配して、3月からでも出願できる大学を見つけては勧めましたが、試験を受けられるような状態ではありませんでした。

正しい方向に努力すれば必ず報われる

そんな私の希望の光となったのは、母が見つけてきた塾でした。Diet Study というその塾は、2浪して東京大学に入ったという村山雅俊先生が開いた小さな個人塾で、1期生3人が卒塾したばかりでした。1期生の3人はそれぞれ早稲田、明治、立命館に進学していました。その3人はもともと学力の高い生徒だったかというと、決してそんなことはありません。受験勉強とは無縁の生活をしてきたような、個性豊かなメンバーだったというのです。

2度も大学受験に失敗して引きこもっていた私は、その話を聞いて「せっかく親が見つけてきてくれたし、ちょっと話を聞くくらいなら……」と、村山先生に会ってみることにしました。

今でもそのときの光景をはっきりと覚えています。喫茶店でオレンジジュースを飲みながら、村山先生は私に向かって言いました。

「それだけ勉強して報われないことはあり得ないから、同じ勉強量を維持できれば絶対早稲田に受かるよ」

その言葉を聞いて、私は断たれたと思った道の先に、まだ「続き」があるのだと思えました。村山先生に「早稲田に受かる」と断言してもらったことは、すっかり自信を失っていた私の大きな力となりました。

村山先生のもとで、基礎を大切に、正しく繰り返し勉強するという受験勉強の正しいやり方を知ると、成績はみるみるうちに伸びていきました。1浪時代にインプットしたことが整理でき、それは模試の結果にも表れました。夏頃には早稲田大学に合格できるだけの十分な学力が身について、受験生でありながら、ほかの生徒に教えることもありました。このときの経験が現在の仕事にもつながることになります。

3度目の受験で第一志望だった早稲田大学に合格することができました。私の代の塾生は5人で、早稲田大学に3人、明治大学に1人、立教大学に1人進学しました。

無名の塾が次々と難関校の合格者を出しているという評判が徐々に広まり、自分たちの頃は5人しかいなかった生徒も20人くらいになり、親御さんに連れてこられる生徒も増えてきました。

大学に進学してから私は Diet Study でアルバイトをすることになりました。そのなかで気づいたのは、受験勉強にどうやって取り組めばよいか分からずにいる生徒が意外と多いということです。「勉強すると決めたらする」という当たり前のように思えることが、一人ではできないというケースが多いというのを強く感じました。そういう人たちは、どうすれば勉強できるようになるのだろうと考えるようになりました。

同時に、早稲田大学に通い始めて感じたのは、自分自身の力というよりも環境のおかげで合格している人が多いということです。

進学校であれば、高1から受験を見据えて勉強するのが当たり前という環境に置かれます。中高一貫校であれば、高2までに学校で高校範囲の勉強を終え、高3の1年間は受験勉強に集中できます。国立大学を受けるには苦手な科目があるなら志望校を私立に切り替えてというように、大学受験に最適化されたシステムと環境が整っています。また、全寮制で生活のなかに自習時間が組み込まれているという、まさに受験勉強に特化した環境を整えている進学校もあります。

こういった学校で高校時代を過ごした生徒は、必ずしも自分の意思の力のみで合格を勝ち取ったわけではなく、合格するために最適化された環境も大きなサポートになっているのだというのが大学に入ったときに感じたことです。その現実を目の当たりにして、では私のように部活に熱中していた生徒や、進学校ではない環境から大学受験に臨もうとする生徒はどうすればよいのかということを考えるようになりました。

キーエンスに入社して気づいた凡事徹底の大切さ

自身の大学受験の経験や塾講師としての経験から将来は教育に携わりたいという思いは抱きつつも、新卒での就職は成長のチャンスだと考えて教育業界以外を受けてみることにしました。3年以内で起業できる資金を貯めて起業しようと思っていたので、就職先を考えるうえで優先した条件は給料が良いこと、ボトムアップでフラットな組織であること、自分が成長できる環境であることです。リーマン・ショック後の就職氷河期ど真ん中でしたが、外資系コンサルティング会社と大手人材会社、そしてキーエンスから内定を得ることができ、なかでも前年度の内定者約140人に対して20人しか内定を出しておらず、少数精鋭の同期で魅力的な人材が多くいると感じたキーエンスに就職することにしました。

キーエンスでは最初に1カ月に及ぶ研修がありました。この研修では商品知識をインプットするのはもちろん、何度もロールプレイング（以下、ロープレ）を重ねてから各部署に配属されます。

キーエンスに身を置いて感じたのは「当たり前のことをとことんやり抜いている」ということでした。キーエンスは高収益企業といわれ「業界初」と呼ばれる製品が多いものの、営業手法については決して派手なところはありません。ただ、当たり前のことを当たり前にやっているだけです。このときに身についた凡事徹底の考え方は今の塾経営の基礎にもなっていますし、私大文系の入試とも相性が良い考え方だと思います。

キーエンスでは30代で家が建ち、40代で墓が建つといわれるくらい、社員がよく働きます。その理由としては、もともとストレス耐性が強くて、負けず嫌いな人を採用しているということもありますが、「仕組みで人を動かす」ことを徹底しているということが大きいと感じています。

成果を上げるための要素となる数字はすべて可視化され、フィードバックされます。私が配属されたのは営業ですが、成果を上げるにはどの数字をどれくらい上げればよいのかがはっきりしていて、自分の数字はもちろん、同僚の数字についてもどれくらいなのかということがすべて見られるようになっていました。

例えば、週に2日は社内勤務で、外回りの日が週に3日あります。その外回りのアポイントメントの電話は、発信件数、通話時間などがすべて集計されていて、オンタイムで自分も見られますし、上司も見ることができます。目標を達成するために通話時間を延ばそうと雑談に終始しようものなら、すかさず上司から「数字を達成しようとするのではなく、本質的なトークをするように」と指摘されます。この例に限らず、常に手段と目的を取り違えることがないように意識させられます。

外回りの前には、外出の目的やPRする予定の製品について事前に打ち合わせます。商談のネックになることがあれば、ただ打ち合わせをするのではなく、ロープレをして、どう実行すればよいのかまでを突き詰めて考え抜きます。

キーエンスで「ロープレ」といえば、上司や部下、同僚など二人一組でする顧客との商談のシミュレーションです。このロープレには台本があり、営業担当はその型を覚えたうえで相手の状況に応じて内容を変えていきます。顧客の役をする側は、その顧客がどういう人物なのか、その製品を初めて見るのか、それとも2回目以降で提案を受けるのかなど、細かな設定を理解したうえで本物の顧客のように話を聞き、質問をしていきます。これが新製品発表前のタイミングだけでなく、常に行われていました。これはのちに私の会社の社員育成にも大いに応用することができました。

キーエンスを辞めて「仕組みで成績を上げる」塾へ

キーエンスを辞めて起業するうえで、仕組みで成績を上げるというやり方をしている塾はないかとリサーチしました。

そんななか、仕組みで成績を上げるということを徹底しているように見えたのが森塾でした。当時、森塾はプラス20点保証（入塾時に60点以下だった生徒の場合、プラス20点以上の成績アップを保証する仕組み。最近では多くの学習塾が導入している）をしていて、データを取り成績を上げることを科学的に分析している点で、キーエンスと非常に近いものを感じました。

実際に、森塾は教育をサービス業として正しくやっているように見えました。塾を生徒にとっての居場所にするという考えのもと、森塾にはスタッフのための非常に細かいマニュアルがあり、例えば、生徒に説明をするときの資料の見せ方から、注目してほしい箇所を指し示すときの手の角度まで事細かに定められています。指導の方法や面談の仕方などはすべて動画になっていて、全員が同じ内容を学べるようになっていました。研修には3カ月かけ、完璧にできるように指導するというのです。

この手法を学びたいと転職先を探していたときに見つけたのが、森塾のフランチャイズを神奈川で展開していた湘南ゼミナールでした。採用面接の時点で、いずれは起業したいということを話したのですが、湘南ゼミナールの担当者はそんな私を面白がって迎えてくれました。そうして私は勤務しながら、事業計画を練っていくことになります。

経営企画室で働いていた頃、さまざまな塾・予備校を研究するなかで、村山先生の塾で行っている基礎を重視して理解できるまで繰り返し、生徒一人ひとりの話を聞くという指導方法を、誰でも行えるようにすればより多くの人の役に立てると考えるようになりました。ほかの塾は基本的に個の力に頼っていますが、森塾のように属人的なノウハウをマニュアル化して組織的に行えるシステムを確立できれば、事業をどんどん拡大していけると感じるようになりました。

起業の目処が立って湘南ゼミナールに退職したいことを伝えると、私のやりたい塾を湘南ゼミナールの事業としてやらないかという提案を受け、出資してもよいとも言われました。すでに実績のある湘南ゼミナールに属して、しかも出資まで受けて事業展開するメリットは確かに大きかったのですが、制約されず自分の理想とする塾を実現するために、やはり当初の予定どおり退職して起業することにしました。

退職後、朝は学校にチラシを配りに行ったり、ホームページの作成をしたりと準備を進めていきました。そして、２０１３年12月、村山先生の個人事業であった Diet Study を母体として、法人化する形で共同創業しました。

他業種から教育業界に入って気づいた塾・予備校側の現状

キーエンスを辞めて教育業界で仕事をするようになり、ほかの業界から見ればおかしいと思うようなことが、教育業界ではまかり通っている現状が見えてきました。具体的には、次のような点があります。

①アルバイトのクオリティがコントロールされていない

ファミリーレストランなどの接客業のアルバイトであれば、マニュアルに沿って基本を教わったうえで客の前に立つというのが一般的です。しかし、塾・予備校では、採用後にきちんとした研修もなく現場に出ているというケースは少なくありません。

また、指導法のブラッシュアップが行われることもあまりありません。アルバイトの講師が優秀な生徒にばかり時間をかけたり、相性の良い生徒を優遇したりということがあっても見過ごされます。

なかでも私が特にアルバイトの質に問題を感じるのは、映像授業型と自学自習型の塾・予備校です。

映像授業を受けるという点だけ見れば、わざわざ映像授業型の塾・予備校に通わなくてもいくらでも選択肢があります。例えば、スタディサプリというアプリを使えば、年間2万1780円で6教科19科目4万本の質の高い授業が受け放題です（2023年10月現在）。

一方で、映像授業型の予備校の授業料は年間で100万～150万円に上ります。映像授業にそれだけの金額を払うのであれば、映像授業以外に価格分の付加価値があるべきですが、アルバイトの教育が十分にされておらず、指導のクオリティがコントロールされていないところが多く見受けられます。

多くの映像授業型の塾では基本的に正社員を1～3人ほどの最小限の人数にとどめ、その校舎で働く主に大学生のチューター（担任教師）を管理するという形で運営されていますが、教室によっては学生のバイトリーダーが保護者の面談も担当して、何十万円にもなる授業の提案をしているところもあります。

映像授業型の塾・予備校では、自分で映像を観て理解できる生徒が難関校に合格していきます。そうやって志望校に合格した生徒がアルバイトのチューターになっていることが多く、集中して映像を観られないとか、映像を観ても理解できないという生徒は、チューターにその悩みを理解してもらえません。適切なアドバイスを受けられないまま成績が伸び悩んでいると、追加で映像を視聴することを提案されて授業料だけがかさんでいくということになります。

自学自習型の塾でも、これと似たことが起きます。自学自習型の塾で働くアルバイトのチューターは勉強の質問に答えるのではなく、塾が指定する参考書の使い方をアドバイスするのが仕事です。一人ひとりの生徒の能力や理解度に関係なく一週間あたりにこれだけの分量をやる必要があるので、一日あたり何ページから何ページまでをやりましょうというように学習の進捗を管理します。チューターは生徒が学習した範囲を口頭による確認テストでチェックすることになっていますが、必ずしもきちんと実施されるわけではありません。アルバイトの管理が行き届いていないと、ちゃんとテストをする人もいればしない人もいて、なかには雑談だけして終わるというケースもあるようです。

生徒から学習内容について質問されても、チューターは参考書の該当ページを見せて、ここにこう書いてあると示すだけです。また、チューターを管理する社員は、営業のノルマに追われて生徒のことをきちんと見ることもできず、罪悪感に押し潰されてしまったという話を聞くこともあります。

ここに挙げた双方に共通するのは、アルバイトが「講師」としてきちんと機能していないことです。私には授業以外の部分で料金に見合う付加価値を提供できているようには思えません。

②　期待していた定期面談がない

子どもの数自体が減っているので、最近では大手の予備校も生徒を確保するためにあれこれと施策を考え、毎週面談を行うという方針を打ち出すところも出てきました。ところが入塾する際には毎週面談があるという話だったのに、実際には週に1回あるどころか、希望制になっていて予約を取らなければ面談をしてもらえなかったということもあります。

進路の相談をしたくて面談の予約を取ったものの、面談の担当者は生徒の普段の様子を知らないので模試などのデータに沿って話すだけとなり、ひどい例では名前を間違えられたなどというケースもあります。

受けられるはずのサービスが実施されないというのは一般的にはあり得ないことですが、この業界ではそれがまかり通っているというのが現状です。

③ 想定外の講習をとらされる

塾・予備校のなかでも個別指導型と映像授業型は、生徒により多く授業をとらせるために、スタッフに厳しい営業ノルマが課されていることもあります。

個別指導ではいかにコマ数を生徒にとらせるかが会社に貢献できているかどうかの基準になっているので、生徒のことを考えて不要なコマを無理に勧めない講師よりも、自分のノルマの達成のために必要ないコマであってもとるように勧める人のほうが評価されます。

映像授業型でも同様です。映像授業型では映像を観れば観るほど成績が上がることが前提になっているので、映像をより多く観るように指導した講師が高く評価されます。しかし、実際に成績を上げるのは、授業の映像を観ること自体ではありません。そこで得た知識を定着させるための自習です。

④ついていけない生徒の救済措置がない授業スタイル

部活を引退してから受験に本腰を入れる生徒の場合、そもそも塾・予備校で受け入れてくれないということがよくあります。受け入れないという方針を示している塾・予備校はまだましなほうで、本当にひどいのは高3を受け入れはするものの、もし生徒がまったくついていけなかったとしてもなんのサポートもしないというところです。

部活に打ち込んできた生徒は基礎が身についていないこともあります。その状態で志望校別の過去問対策講座や演習講座に合流してしまえば、授業についていけないのも当然です。

そのため、塾・予備校の対応としてよく行われるのは「夏期講習をとって追いつきましょう」「これだけの数の講座を受ければ通常授業に追いつけます」などという言葉で、夏期講習等をたくさん受けるように誘導することです。

基礎がない生徒が突然夏期講習を大量に受けても授業内容を消化するのは難しく、きちんと復習しなければせっかく授業で学んだ内容も身につきません。結局基礎力のないまま、応用の授業に合流せざるを得なくなります。

⑤体験授業と実際の授業でクオリティが異なる

塾・予備校を選ぶ際に、実際の授業の様子を知るための機会として体験授業が実施されることがあります。塾・予備校としては、体験授業を通してより多くの生徒を獲得したいと考えるので、人気講師が体験授業を担当することも珍しくありません。

入塾してから本当にその講師の授業を受けることができるなら問題ないのですが、実際には体験授業をした講師の授業が受けられないケースもあります。試供品と実物とで中身が異なるようなことがまかり通っているのです。もし、体験授業の内容に魅力を感じて入塾を決めようとするなら、自分が通うことを検討している校舎で実際にその講師が授業を担当しているのかを確認しておく必要があります。

⑥ 受験生を惑わせる認定制度

塾・予備校に入る際に、特に注意してほしいと考えているのが「認定」のシステムです。これは通っている学校や成績に応じて出される認定の種類によって、授業料を免除されたり割引を受けたりする制度ですが、この「認定」に惑わされて失敗する受験生はあとを絶ちません。

塾・予備校で行われる認定の種類は主に「模試認定」「高校名認定」「認定試験」の3つです。「模試認定」は本人の模試の成績によって、「高校名認定」は通っている学校の偏差値によって認定されます。成績や学校名によって基準が決まっており、授業料の全額免除や半額免除などの特待生割引が受けられます。

「模試認定」や「高校名認定」に該当しない生徒は「認定試験」を受け、好成績であれば特待生割引を受けて希望のコースに入ることができます。

注意が必要なのは、この認定試験を受ける生徒です。この認定試験とは名ばかりのもので、実は試験結果がふるわなくとも希望するコースに入れるケースがあるのです。難関大に合格して実績を出す見込みのある特待生たちは授業料の免除や割引をされて囲い込まれ、その分の授業料は認定試験を受けたものの割引等のサービスなしで入った生徒が支払うシステムです。

その事情を知らずに、例えば実力が早慶にはほど遠い生徒が、ほかの塾では「早慶は無理だ」と言われたのに、この予備校では「早慶コース」に認定されたと上位受験生気分になってしまって悲惨な結末を招くことがあります。

特待生に認定されるような生徒たちは受験勉強の仕方をよく分かっています。自分に必要な授業だけをとり、自習に力を入れて学んだことを定着させて成績を上げていきます。一方、上位受験生気分になっている認定試験組の生徒は、より多くの授業を受けることで勉強していると錯覚してしまいがちです。基礎学力や学習習慣がない生徒が、本来の自分の実力とかけ離れた授業を受け続けていても成績が上がることはありません。

⑦私大受験ではアテにならないこともある模試の判定

受験生が受ける模試には、共通テストを想定したマーク模試や国立大学の二次試験を想定した記述模試があります。それらは私大文系の問題傾向を踏まえていないので、現時点での学力と志望校合格ラインとの差を測ろうとするなら、志望校の過去問をどれだけ解けるかで判断すべきです。過去問を使って今の自分が合格ラインに達しているかを知るには、過去問の合格最低点+10%の点数が取れているかという基準で判断します。

塾・予備校によっては模試の結果に基づいて進路相談の面談が行われているところもあります。それは生徒一人ひとりの特性や普段の学習状況が把握できていないからです。

基礎ゼロからMARCHを目指す受験生の実像

教育業界で仕事をするようになって見えてきたのが、高3の4月に基礎ゼロの状態から塾・予備校を検討する生徒の実像です。現役生と既卒生でそれぞれ二つのタイプに分けられます。

現役生に見られるタイプの一つ目は、親の意思で中学受験をして合格したものの、勉強へのモチベーションが低いために成績が伸び悩んでいるというタイプです。このタイプは親に連れられてくることも多く、人によっては保護者だけが説明を聞きに来て、本人の意思を確認することもなく入塾を決めていくこともあります。

中学受験の際に生徒本人のなかで合格することがゴールになっていると、入学後に燃え尽きて勉強しなくなりがちで、その影響を最も受けるのが英語の成績です。英語は中学受験の入試科目になく、入学してゼロから学ぶことになるため、入学後にちゃんと勉強しないと基礎でつまずきます。基礎ができていないまま放置していれば、受験学年になったときに勉強時間だけ増やしても成績が伸びません。

このタイプは、親が子どもの成績を管理していることも多く、すでに大手予備校や個別指導塾などに早い段階から入れて、学校の授業についていけるように子どもを頑張らせようとしていることも少なくありません。親が一生懸命になっているのとは対照的に、本人は勉強する気がないので、基礎がほとんど身についていない状態です。基礎ができていなければ、成績が伸びるはずもありません。高3になっても成績が上がる気配がないので、親が痺れを切らして転塾を考えるようになります。一方、本人は親に管理されることに大きなストレスを感じていることもあります。

もう一つは、学校やほかの塾の授業についていけないことに本人が危機感を覚えるタイプです。通っている学校が進学校というわけではないけれど、MARCH以上の大学を志望している生徒に多く見られます。

この場合は、本人の意思で入塾や転塾を考えることが多く、子ども本人が自分で情報を集めて塾を探し、親は子どもの希望に沿って入塾させます。子どもが主体的に塾を選ぶので、学校や自宅からの通いやすさ、先輩や友人の評判などが判断基準になりがちです。立地的に通いやすいからといって、その塾が自分の志望校合格のために適した指導をしてくれるとは限りません。また、信頼できる先輩や友人からの勧めであったとしても、同じようにその塾が自分にも向いているとも限りません。

場合によっては、仲の良い友人と一緒に同じ塾に通うことで、勉強する時間よりも遊んでいる時間のほうが長くなってしまうこともあります。

既卒生の場合も大きく二つに分けられます。

一つは現役時代に塾・予備校選びに失敗してしまったタイプです。現役生の塾・予備校選びは自宅と学校と塾の物理的な距離であったり、部活や行事との両立のしやすさであったりという制約のなかで選ばざるを得ず、妥協や消去法で選ぶ人も多くなります。高校生活があったうえで、その生活に合った塾を選ぶという順番で考えたために、自分の志望校合格には合っていない塾を選んでしまうこともあります。

本来、塾・予備校を選ぶ際には、自己分析をして自分の性格や学力、志望校に合った塾を選ぶべきなのですが、特に現役生のときは塾選びの指針がないままに決めて失敗してしまいがちです。卒業後は、自己分析に基づいて慎重に塾を選ぶ必要があります。

もう一つは現役時代にも勉強を頑張っていたけれど、そもそも勉強の仕方が間違っていたというパターンです。例えば、とにかく時間をかけて暗記をしたけれど、なんのためにしているのかということを理解しないままに勉強していたというようなケースです。自分を律する力はもっているけれど、方向性が違っていたために成果が出なかったという人で、既卒生ではこのタイプが多い印象です。

「生徒のために」の言葉の裏で

教育業界を知れば知るほど、私はこの業界が利己的で営利主義だと感じるようになりました。もちろん、塾・予備校の経営者には高い志をもっている人もいます。しかし、なかにはどうすれば生徒により多く金を払ってもらえるかということにばかり意識が向いている人もいます。

現場で働いている講師たちは、生徒たちのことを第一に考えて教えているのに、経営陣からノルマが課されれば、それをクリアしなければなりません。

映像授業型や個別指導型のスタッフは、生徒には成績を上げて合格してもらいたいと願いながらも、課されたノルマを達成するためには生徒により多くの授業をとってもらわなければなりません。志をもって働いている人ほどジレンマに苦しみ、強いストレスにさらされます。

また、「生徒のために」という言葉のもと、講師の長時間労働が常態化しているという問題もあります。講師の主な仕事は生徒に授業をすることですが、生徒からの質問への対応、保護者からの問い合わせへの対応など、それ以外にもさまざまな業務があります。

一般的に、塾・予備校の講師の勤務時間は13時〜22時などですが、授業に必要な教材を準備するためには、早めに出勤しなければならないこともあります。季節講習の際には学校が休みなので朝から授業をすることも多く、授業が終わってから生徒からの質問を受けるので、その分勤務時間が延びます。保護者の対応に時間をとられることもあります。時間外の営業も多く、終業後にポスティングに行ったり、朝早くからビラを配ったりということもあります。受験シーズンには、朝、学校の門前に立って生徒を激励する仕事もあります。

これらが「生徒のために」という言葉のもとに、講師たちの善意に支えられて長時間や時間外で行われているのが現状です。

教育業界で働いている人は教育に対して熱い思いがあって、いい人が多いので、そういう業界の現状を受け入れてしまいがちなのですが、それが社員の早期離職につながり、ひいては生徒の不利益につながることなので、業界全体で変えたいところではあります。

徹底的に無駄を省き、
最短ルートで学力を向上させる

たった10カ月でMARCH合格へ導く
最強教育メソッド

Chapter **3**

10カ月でMARCH以上に合格できる仕組み

国公立大学や早慶上智などMARCH以上の大学の合格者数を18歳人口の総数で割るとMARCH以上に合格するのは世代全体の上位15％という計算になります。「どうせ受験するなら、せめてMARCH以上には合格したい」と考える生徒も多くいますが、MARCH以上の合格は誰でも簡単に達成できるような目標ではありません。

それにもかかわらず、なぜ私の塾ではゼロから始めた生徒が10カ月で当たり前のように合格していくかといえば、キーエンスで学んだ目標達成のための仕組みと、受験指導のノウハウをかけ合わせた最強メソッドがあるからです。

私の塾では高3と既卒生に限定して、私大文系に特化したカリキュラムを構築しています。基礎力がゼロからのスタートを前提としたカリキュラムに沿って、どの先生が担当したとしても授業の質や内容に差が生じないように、電子ボードとパワーポイントを駆使した1クラスの生徒が約10人の少人数対話式授業を行っています。

対話式というのは、先生が解説するのではなく生徒が説明する授業です。電子ボードの画面に質問が出てきて、「これはなんでだと思う?」と先生が投げかけ、生徒が自分の頭で考えて話すという形式になっています。これはほとんどの生徒が受験のための知識ゼロの状態からMARCHを目指す「ゼロからMARCH」というコンセプトだからできることで、生徒のレベルにばらつきがなく、全員が必ず答えられるレベルの問いからスタートするからこそ可能な手法です。

さらに授業の内容は年間約600回のレギュラーテストで定着度を確認します。10カ月というのは受験生にとって決して短い時間ではありません。志望校合格を目指すとしても、何をどう頑張ればよいのか分からなくなってしまう生徒もいます。生徒は目の前のレギュラーテストの合格を小さなステップにして一生懸命取り組むことで、理想的なペースで着実に基礎を身につけていくことができます。

授業に加えて行っているのが、週に1回の1on1面談です。単に先生と雑談するのではなく、ポジティブ心理学の理論に基づいたコーチングを受けた先生のため、学習計画の管理だけでなく、苦しい時期のメンタル面のサポートとしても機能します。

また、意思の力ではなく仕組みで勉強に向かえるようになる「合格マインド」の授業を年間を通して全28回実施しています。先生のファシリテーション（円滑化）のもとにグループワークを行い、クラスの仲間とも支え合いながら、成績が伸び悩む時期や受験直前の不安に襲われる時期も乗り越えていきます。

これらの仕組みには、キーエンス時代に学んだ考え方やノウハウが大いに活かされています。当たり前のことを当たり前にやる凡事徹底、妥協することのない付加価値の追求、フラットな人間関係などといった考え方をはじめ、在籍していたときに行われていた結果を出すためのさまざまな手法を、受験生に合う形にアレンジして取り入れています。

妥協なき付加価値の追求が生徒ファーストの考え方を生む 付加価値を追求して柔軟に変化し続ける

キーエンスでは「最小の資本と人で、最大の付加価値を上げる」という考え方が経営の原点となっており、これが企業活動の理想形とされています。付加価値というのは、事業活動によって生み出される新たな価値のことを指します。どれだけ付加価値を生み出したかは、どれだけ市場での優位性を築き、消費者からの信頼を獲得しているかということでもあります。そのため、付加価値を最大化することこそが消費者、ひいては社会への貢献だと考えます。

最大の付加価値を生み出すために、営業の社員であれば足下の課題を見つけ、その解決法を提案することを目指しますし、開発の社員は顕在化しているニーズではなく、その一歩先にある潜在ニーズを形にすることを目指します。

この付加価値を妥協することなく追求していくため、開発が最終段階に入っていても、目的と付加価値のためであれば、躊躇なく変更を加えることもあります。

そのような考え方のもとで仕事をしてきたので、私は、塾・予備校に決められたカリキュラムや教材が生徒の志望校合格のために非効率なものであっても見直されることなく使われ続けている体制に疑問をもちました。年度始めに決められたカリキュラムに沿って授業をしていくのが当たり前で、講師が「本当はこうしたほうが合格に近づくのに」というアイデアをもっていても、その考えが反映されることはほとんどありません。

新しいアイデアや技術があるのならすぐに取り入れるべきだし、改善できることがあるならどんどん改善するべきです。すでに運用されているオペレーションであっても、生徒が合格に近づくような改善が望めるのであれば、柔軟に変更することで最大の付加価値を上げることにつながります。

そのような「生徒ファースト」の考え方をすることで、私の塾では私大文系の合格に最短でたどり着くという目的のもと付加価値を追求し、無駄のないカリキュラムを組んでいます。

大手の予備校などでは科目ごとに別々の講師が担当するので、すべての科目の授業が同時期に始まり、カリキュラムが進んでいくことになります。本来、生徒が志望している私立文系の大学に合格するためには、科目ごとの特性に応じてスケジュールを組んで学習したほうが効率が良いとしても、講師の一存で科目ごとの授業時間の調整をすることはできません。

高1からのスタートであれば受験までに時間的に余裕があるので、従来の形でも問題ないかもしれません。しかし、高3の4月にゼロからのスタートを切った生徒にとっては、そのやり方が最善だとはいえません。

私大文系の合格のためには、まず、配点が高くて成績が伸びるまでに時間のかかる英語を早めに重点的に学習して基礎を身につける必要があります。並行して、必ず覚える必要のある漢字や現代文のキーワード等の暗記モノをインプットしていきます。

その次に暗記で点数を取れる選択科目に取り組み、それぞれの教科に下地ができてから、配点が比較的低くて得点しにくい読解系の問題に取り掛かるという学習スケジュールで進めていくのが私の塾で行っている合格のためのメソッドの一つです。

時期的には高3の4月は英語のみに集中して中学英語にさかのぼって5文型を学ぶところから始め、早い段階で高2の基礎レベルまでを学習します。5月になってから選択科目の基礎固めを開始し、国語には7月から本格的に取り組むというイメージです。

このカリキュラムの実現のためには、時期によって各教科の授業数が変動することになります。4月に選択科目と国語の授業数はゼロで、国語の授業は7月からのスタートです。一般的な塾・予備校では、講師は自分の担当科目の授業のみを行い、業務委託であれば担当コマ数に応じて給与が支払われます。

すると、時期によって授業数が変わるというのは講師にとって時期によって収入が変動するということで、あちこちの教室から引っ張りだこの人気講師からは敬遠されかねません。

その問題を解決するために、私の塾では授業を行うのはすべて正社員にし、全員が指導の質や内容にばらつきがない状態で英語と国語を教えることができる仕組みと研修制度を整えています。正社員として雇用することで固定給になるので、授業の科目が変動しても

EDIT STUDYのカリキュラム

私大文系 専門 カリキュラム	4月	5−6月	7−8月	9月	10−1月
授業	英語週3	英語週2／ 選択週1	英語週1／ 選択週1／ 国語週1	英語週1／ 選択週1／ 国語週1	英語週1／ 選択週1／ 国語週1
英語	ゼロ～ 高2基礎 レベル	受験標準レベル （英検2級～準1級 レベル対策含む）		共通テスト 演習	MARCH 以上演習
選択科目 日本史・ 世界史・ 政治経済・ 地理・ 数ⅠA・ⅡB	—	全範囲を28回に分け、 9月中に全範囲の基礎固めが終了			共通テスト ～MARCH 以上演習
国語	漢字・ 現代文 キーワード	古文単語 （個別課題）	現代文 解法＆ 演習 古文単語 （個別課題）	古典文法 現代文 演習	共通テスト ～MARCH 以上演習 ※漢文は希望者のみ個別課題

給与に影響を与えることはありません。

以前はそれぞれの先生が選択科目も対面で教えていましたが、選択科目は暗記が中心のため映像教材でも対面授業と同様の効果が出ることが分かったので、今は独自の映像教材を活用しています。

それによって、先生がこれまで選択科目の授業のために使っていた時間を生徒との1on1面談に使うことができるようになりました。普段、授業を通して接している先生が1on1面談を行うため、それぞれの生徒の状況をきちんと把握したうえで話ができます。特に4月の時点の1on1面談の頻度を多くしていて、早い段階で信頼関係を築いていきます。


これはキーエンス時代に営業所で習ったことなのですが、「接触面積を一気に上げたほうが信頼関係を築ける」という営業のスキルがあります。キーエンスでは、最初に何回も同じ顧客のところに通います。顔を覚えてもらって、名前を覚えてもらって、何かあったときに声をかけてもらえるような状態にもっていくのです。そうやって足繁く通うと、たとえ競合の製品を使っている会社の担当者であっても、「センサのトラブルで困っているのでちょっと来てくれる？」というような電話をしてもらえる関係性を築くことができます。

私の塾ではこれを応用して4月には授業の回数を通常よりも増やし、週3回の対話式授業と週1回の1on1面談で、週に少なくとも計4回は先生と顔を合わせるようにスケジュールをつくっています。4月はボリューム勝負で一気に信頼関係を築きながら、学習習慣を確立する期間と位置付けています。ここで築かれた信頼関係は、10カ月の受験までの道のりを駆け抜けるために欠かせないものとなります。

また、年度内であっても、生徒にとって付加価値を最大化すると判断できれば、入試の傾向の変化などに合わせてカリキュラムを柔軟に変更していくこともありますし、教材も細かいところまでブラッシュアップを繰り返しています。

キーエンス

徹底して無駄を省く

▼▼▼

EDIT STUDY

動画授業

効率化の副産物

私の塾では、2018年に日本史や世界史といった選択科目の講義をすべて動画にしました。なぜかというと、選択科目の学習は暗記の占める割合が大きいからです。また、先生の専門によって、3科目（英語・国語・選択科目）トータルでの指導が難しくなるという問題もありました。日本史を選択している生徒の担任の専門が世界史だった場合、選択科目については別の先生から習うことになるので、その分接触の頻度が下がり、信頼関係を築くうえで不利になります。

そこで、選択科目の授業を動画にしてみることにしました。動画といっても、映像授業型の予備校にありがちな90分などの長いものではなく、動画を10分前後、4～5本に小分けした短時間で集中して観られるものです。すると、生徒が動画で学んでいる間は授業をしなくてよいので、先生はその分の時間でほかの生徒と1on1面談をし、よりきめ細かい学習管理や生徒のモチベーション管理ができるようになりました。

当初は選択科目を動画に切り替えたことで成績が上がることはないだろうと考えていました。しかし塾の全校舎のうち、トライアル動画を導入した校舎の成績がいちばん良いという結果が出たのです。生身の先生が講義をしても、動画講義を視聴しても、得られる情報という意味では同じです。そして、実際にトライアルで導入した校舎で生徒たちに、卒塾の際に塾を利用していて何がいちばん良かったと感じたかをヒアリングしたところ、1on1面談があることだと答えました。生徒にとっては1on1面談の時間に勉強の息抜きができたということが良かったと言うのです。生徒の成績の推移なども総合して判断すると、成績が上がったのは動画による学習効果ではなく、毎週行った1on1面談の成果だろうという結論に至りました。1on1面談では雑談もするのですが、それが意外と大切なのだということにも気づかされました。

生身の先生が選択科目の授業をするより、日々のモチベーションを上げていくためのコーチングや、メンタル面で悩みを抱えている生徒のケアをしたりすることに注力したほうが、成績が上がったのです。

成果が出るのであれば、1on1面談のクオリティもすべての先生で同じようにできるようにコントロールしなければいけないということで、全先生が「Positive Psychology Coaching」の手法を学び、一般社団法人School for Strengths-Based Educationが開発したコーチング資格の取得を義務付けるようにしました。資格は毎年取り直す必要があるので、更新の都度学んだことを再確認でき、1on1面談のクオリティのコントロールが可能になります。

生徒一人ひとりに寄り添って、相手の意見を尊重し、気づきを与えるコーチングは徹底してやっています。1on1面談の様子を子どもから伝え聞いた保護者から「家ではどのようにに声をかければよいでしょうか」とか「どのように接したらよいですか」といった質問を受けることもあります。

基本のスタイルは、褒めることと認めることで、生徒の思考を前に進めるような質問を主軸に進めます。

例えば、勉強に集中できない生徒に対して、一般的な塾・予備校の学習相談でありがちなのは「親御さんがせっかく高いお金を出してくれているのに、なんで頑張らないの？」と発破をかけることです。

私の塾の1on1面談では「高いお金を払っている親御さんから見たら、君の現状ってどう見えると思う？」というように、生徒本人に考えさせて自分自身を客観的に認識させることをしていきます。これをメタ認知といいます。そうやって、ポジティブ心理学の理論をコーチングに落とし込むことで私たちの教育メソッドに活かしています。

キーエンス

週報

▼▼▼

EDIT STUDY

信頼指数

数字にすることでやるべき行動が見えるようになる

キーエンスでは、徹底的に数字を可視化します。一般的には営業担当の成績は売り上げた金額などで評価されることが多いかもしれませんが、キーエンスの場合はプロセスを重視します。行動すれば結果が必ずついてくるという考え方のもと、やれば確実にできることがKPI（重要業績評価指標　Key Performance Indicator）に設定されています。

例えば、電話の件数や訪問社数などさまざまなKPIが設定されていて、自分の受注率が悪いときには電話の発信が少なかったのか、訪問数が少なかったのか、それともほかのどんな行動が少なかったのかというように、自分の課題が一目瞭然となります。私のいた部署では「週報」という週に1度報告する機会によって、その週の顧客の訪問件数やPR件数などの成果を上げるまでのKPIが可視化されていました。

また、月次の達成金額があり、それが「1DAY」と呼ばれる1日の目標の数字に落とし込まれて、その1DAYを1日1回報告することになっていました。そのため、1DAYを達成しようと、今ある案件を全部先取りしようとした場合は、トータルの売上が増えていきます。

大学合格という目標を達成するためにも同じことがいえます。MARCHへの合格を目標とするとき、合格という結果を出すためにやるべきことは決まっています。

私の塾には「ゼロからMARCH合格保証制度」があるのですが、その合格保証を受けるために、次のような条件を設定しています。

（1）授業出席率が午前コース90％以上、午後コース85％以上であること
（2）レギュラーテスト受験率&合格率が午前コース90％以上、午後コース85％以上であること
（3）MARCHを2学部以上受験すること

この合格保証は、入塾時の学力は一切問いません。塾に入ってからこの3つの条件を満たしていたにもかかわらずMARCH以上※に合格できなかった場合は、翌年の授業料を全額免除としています。

※MARCH以上＝早稲田・慶應義塾・ICU・上智・明治・青山学院・立教・中央・法政・学習院・成蹊・津田塾・東京女子・関西・関西学院・同志社・立命館（大学）

授業にきちんと出席し、授業の定着度を試すレギュラーテストに合格できるように復習し、受験当日にきちんと試験を受ければ、10カ月でMARCH以上に合格できます。高3

の4月からスタートしたとしても、生徒たちにとって10カ月という受験までの日々は長い道のりです。ましてや、これまでに基礎を身につけていなかったり、学習習慣が身についていなかったりすれば、何をどう頑張ればよいのかが見えにくいものです。そういう状況の生徒に「ちゃんと授業に出るように」とか「レギュラーテストを頑張ろう」という曖昧なアドバイスをしたところで、行動が変わることはありません。

一方、出席率90%以上、レギュラーテストの合格率90%以上というように数字にして、合格するためにはどれくらいの行動が必要なのかを可視化すると、生徒も何を目標にどのようにすればよいのかが分かりやすくなります。

まずは授業を受けることですが、ただ授業を受けただけでは成績は絶対に上がりません。授業の内容をインプットし、その定着度を試すレギュラーテストで合格点に達するレベルのアウトプットができるようになって初めて成績が上がります。

そのため、私の塾では授業の内容をきちんと自分で消化できるよう、授業は一日おきとし、その授業のなかで基礎の定着度を確かめるレギュラーテストをします。高3の4月からスタートして10カ月の間に、このレギュラーテストは英語・選択科目・国語で合計約

600回に上ります。

このテストに応用問題は含まれず、純粋に授業内容がインプットできたかを試すものになっています。そのため、きちんと準備してくれれば必ず合格点が取れます。このレギュラーテストに合格したということは、その範囲の基礎が身についたということで、基礎ができれば、そこから成績は伸びていきます。「レギュラーテスト受験率&合格率が午前コース90%以上、午後コース85%以上」というKPIをクリアするという目の前の目標にコツコツ取り組むことで、生徒はいつの間にかMARCH以上の合格に必要な基礎学力が身につけられるというわけです。

生徒の成績のほか、生徒と先生との信頼関係も数値化することで、きめ細かいフォローが可能になります。受験に伴走する先生を信頼できるかどうかは、生徒が成績を伸ばし、合格するためには大きな要素です。

先生のアドバイスを素直に聞き入れられるかどうか、心が折れかけたときに安心して相談できるかといったことに関わってくるからです。

しかし、一般的な塾・予備校ではどの講師がどれだけ生徒の支持を得ているかアンケートをして評価することはあっても、どれくらい信頼しているかということを数値化することはほとんどありません。

私の塾では、生徒が先生に対してどのように接しているかを見て、どの程度信頼しているかを信頼指数という形で数値化しています。これを一覧で管理すると、どの生徒にどんなフォローが必要かを考えるときに役立ちます。最初からこちらのことを全面的に信頼してくれている生徒と、まだまったく心を開いてくれずにいる生徒では、アプローチの仕方が異なるからです。

キーエンスで学んだことはすべて数値化するということです。数字にすると分かりやすいし、マネジャーも管理しやすいからです。基準がないと改善のための建設的な会話がなかなかできず、解決が遠のきます。キーエンスの場合は週1回行われる報告でその数字が全部見られるのですが、それを応用したのが信頼指数、年間約600回のレギュラーテス

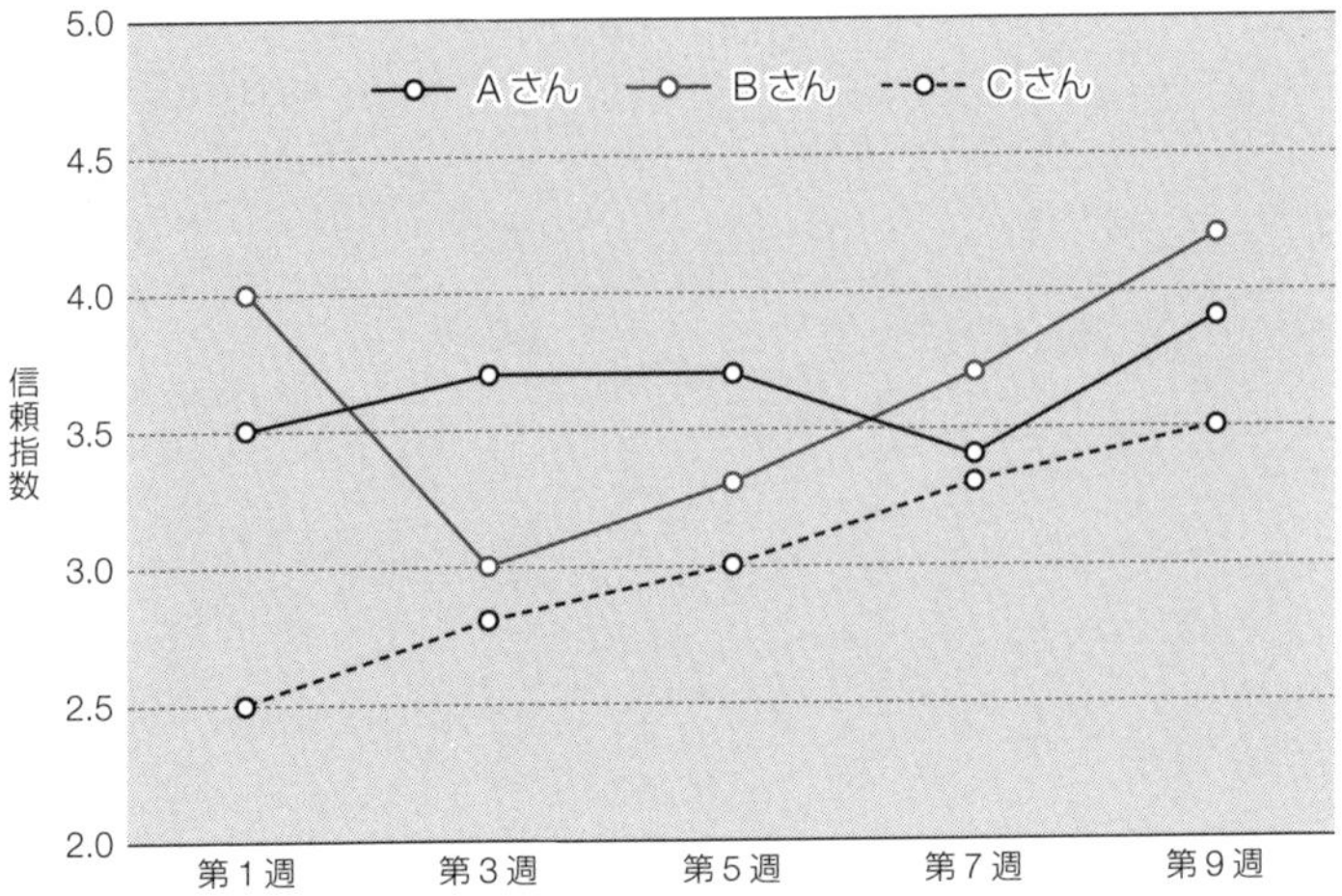

信頼指数の推移例

トの点数と授業への出席率を記録した成績確認シートです。

数字を出すのは、仮説を立てて問題を解決するためです。年間に約６００回実施しているレギュラーテストの点数が良かったり悪かったりするなかで、生徒自身に何があったのか、どういう感情の動きがあったのかと仮説を立てるためにも、数字が必要です。

その一方で、私の塾では生徒の成績や生徒からの評価を先生個人に対する評価に使っていません。毎年生徒は入れ替わりますし、合格実績を先生の評価の指標にしてしまうと生徒の偏差値によっても結果の出方が変わります。評価があることが、フェアなように見えて実はものすごくアンフェアなことになるからです。

先生個人の評価をしないことで、先生も生徒について虚偽のない、ありのままの数字が出せます。私や同僚にも安心して弱みを見せられますし、安心して相談することもできます。それが生徒のためにもなります。

一般的な塾・予備校では生徒にアンケートをとるところもありますが、アンケートは回答するときの生徒の感情にも左右されるので、先生を評価するうえでは適切ではないと考えています。

むしろアンケートがあることで、先生が生徒に対して遠慮してしまって必要な指摘ができないことのほうがマイナスになります。例えば、ちゃんと勉強していない生徒に対して、このまま勉強しなかったらどういう未来が待っているかというような、生徒にとって耳の痛い話をしなくてはいけないのに、先生がアンケートを気にして言うべきことを遠慮してしまうようなことがあれば、それは生徒にとって大きなマイナスになります。

これはキーエンスと180度異なるところなのですが、私は社員を性善説で見ていて、みんな一生懸命頑張っているという前提に立っています。先生たちは全員が良い生徒対応をしてくれることを知っているからこそ、先生を分析するためのアンケートも必要ないし評価もいりません。このシステムを担保するのが、無駄を極限まで省いたカリキュラムとオペレーション、そしてコンテンツです。

キーエンス
ニーズカード

▼
▼
▼

EDIT STUDY
Q&A

悩みを集めてシェアするとみんなの経験値が上がる

製品やサービスを開発する際には、自社がもっている技術や方針を優先して製品を開発するプロダクトアウトと、顧客のニーズから製品やサービスを開発するマーケットインの2種類のやり方があります。

プロダクトアウトでは、自社の強みを活かした画期的な製品が生まれる可能性が高まります。一方、顧客に高い付加価値を提供するということを考えるなら、プロダクトアウトよりもマーケットインのほうが付加価値の源となるニーズをとらえやすく有利に働きます。

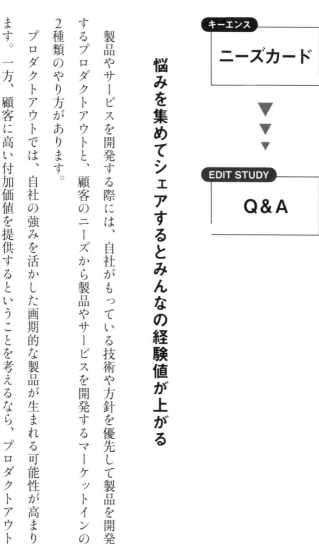

キーエンスでは、徹底して顧客のニーズにフォーカスしたマーケットイン型の新商品企画・開発を行っていました。

頻繁に現場に足を運び、顧客自身も気づいていない潜在ニーズを現場に入り込んで探り出して世界初や業界初というような付加価値をもった商品を生み出すのです。

そのためにあるのがニーズカードです。ニーズというのは「お客様の困っていること」と言い換えることができます。キーエンスでは広く深く顧客の現場を知るために、営業担当が1人あたり月に1件以上のニーズカードを作成して商品開発部門に報告する仕組みになっていました。

ニーズカードには顧客がどんなことに困っているのか、そのためにどれくらいの損失が出ているのか、その困り事を解決するための製品に顧客はどれくらいのお金を払ってくれるのかといったことをまとめます。このニーズカードは会社全体では月に2000件ほどになり、会社には膨大な潜在ニーズが蓄積されていくことになります。

キーエンスでは営業の社員は商品知識だけでなく、技術にも理解が深いという特徴があります。ニーズカードには単に顧客がどう言っていたのかを書くだけではなく、営業の社員が技術の知識を踏まえて顧客のニーズを汲み取ったうえで記入していきます。その情報をもとに新たな製品が企画されるので、顧客が自身でも気づいていなかったような潜在ニーズの問題解決手段が形になり、マーケットインで新たな商品が生まれるのです。

これに対し、ほとんどの塾・予備校のサービスはプロダクトアウトです。集団授業はその典型的な例で、人気講師によるクオリティの高い授業を理解できないのは生徒の実力不足が原因だとばかりに授業は進んでいきます。

実際に教育業界に身を置いてみると、生徒たちはそれぞれが悩みを抱えていることがよく分かります。そこで、私の塾では週に1回の1on1面談で生徒から聞いた悩みを先生たちが社内SNSにアップして共有します。これがキーエンスにおけるニーズカードの共有に相当します。

1人の先生が少なくとも週に1つ以上の生徒の困り事を報告することになっており、会社には三十数人の先生がいるので、月に120個以上の悩みがあがってきます。同じような悩みが多く出るようであれば、今後のカリキュラムやコンテンツ、サービス等に反映することもできます。

そうやって出てきた悩みを全社で集積し、どのように対応すればよいかを先生たちの間で共有することで、経験の浅い先生でも同じような質問がきたときに適切に対応することができます。生徒の状況によって、同じような悩みでも回答が変わることもあります。それも含めて共有していくことで、実際に自分が対応していなくても、先生たちの経験値が上がっていきます。

生徒たちの悩みに回答をつけてQ＆Aの形で保護者にも共有しています。そうすることで、保護者も同じ悩みを抱えている子がほかにもいることを知り、どう対処すればよいのかも分かって不安を払拭することにもつながります。


このほかに、私の塾では各校を横断して先生たちの困り事を解決するミーティングを月に1度行っています。これはキーエンスでの業界攻略会議にヒントを得たメソッドです。キーエンスでは、自動車業界攻略や半導体業界攻略などというテーマで勉強会が開催されていました。そこでは自動車であれば車両系担当、エンジン系担当、半導体は前工程担当、後工程担当というように、担当を分けて勉強会を実施していました。

私の塾ではこれを応用し、先生たちの困り事のなかからテーマを決めてミーティングを行うことにしました。例えば「学習時間は確保できているが、成績が上がらない生徒への対応」や「対話式授業や士気の高いクラスの雰囲気づくりで工夫していること」など複数のテーマのミーティングを同時開催しており、先生たちは自分の気になるテーマのミーティングに参加するのです。同時に複数のテーマに参加することはできないので、ミーティングは録画しておき、すべての先生がアクセスできるようにしています。

く、ただ事情が分かっていないだけだと思うので伝わる可能性は高いと思いますよ！

Q3 文化史の暗記がつらいです。

A3 文化史はつらいです。誰にとっても等しくつらいです。ただ、文化史の問題は覚えてさえいれば解けます。つまり、頭の良し悪しやこれまでの積み重ねがまったく関係ない領域なので、逆転合格を目指す層にとっては絶対に負けたくないところです。基礎学力では負けていても反復量では負けないようにしましょう。

Q4 10時に自習室へ行こうとしていたのに、11時になってしまいました。

A4 時間どおりではないけど、それでも塾に来ているのはとてもイイことなので自信をもってください。次は10時半を目標にするとか、少しずつ早く行けるようになればOKです！

Q5 自分がいつまでに何ができていればよいのか分からずに漠然とした不安があります。

A5 その場合は不安に感じていることを一度全部書き出してみるとよいです。そのうえで、その不安を解消するためにどんな対策ができるかもあわせて考えてみましょう。自分のなかでざっくりとした計画ができるだけでも精神的にだいぶ楽になります。計画を作ることができたらぜひ担当の先生に見せてみてください。具体的にアドバイスをしながらブラッシュアップしていきますので、安心感をもって学習に臨むことができます。

Q6 部活で忙し過ぎてこれ以上隙間時間を見つけるのは無理です。レギュラーテストの点数も下がってきているし、どうすればよいですか？

A6 部活で忙しい＝仕方ない状況、にもかかわらず、問題意識をもってより良くしようという考え自体が本当にすばらしいですね。まず一日の過ごし方を朝から全部「生産性シート※」に書き出してみてください。そのうえで本当に隙間時間がなければ、現状できる最良の選択で勉強時間を割いた結果のレギュラーテストの点数なので、今の自分の頑張りを認めてあげましょう。

※生産性シートは学習計画と現実をすり合わせて勉強効率を最大化するためのシートです。

保護者向けQ＆Aのサンプル

〈週次レポート②（夏）〉

（7月の4週目に配信されたレポートより抜粋）

こんにちは、EDIT STUDYです！
いよいよ世間は夏休みで、特にこの時期は「何のために勉強しているのか」とモチベーションが揺らぐ時期ですが、入塾時に提出した作文内容を思い出したり志望校をあらためて書き出したりして、「いつもどおり」のことを続けていくことが合格への王道です。
EDIT STUDYの自習室は年末年始（12/30～1/2）を除き、祝祭日関係なく月～土曜日は9：30～21：30、8月以降の日曜日は9：00～18：00でご利用可能です。また、指導日に関しましても祝祭日・夏休み・お盆等は関係なく「既卒生は10時から」「現役生は18：30から」これまでどおり変わらず実施されますのでご承知おきください。

Q1 模試の結果がふるわず、このままで大丈夫か不安になりました。このままでも本当にGMARCHに受かるでしょうか？

A1 不安な気持ちになりますよね。模試の結果のとらえ方に関して事前に動画を見たのを覚えていますか？

- 共通テスト模試と私大文系は受験層が違う（上位国立志望者もいるなかでの偏差値や判定）
- 共通テストは私大文系の個別入試の問題と相関性があまりない

まず上記前提を踏まえたうえで下記ポイントも確認しましょう。

- 過去のESでGMARCHに合格している生徒でも最初の模試はほぼE判定、よくてもD判定で実際に合格している
- 合格保証のRテストに合格し続けた場合、過去8割の生徒がGMARCH以上に合格している
- 総復習テストで480点以上取れた場合は85％以上がGMARCHに合格している

というのが、最も身近な客観的な事実です。とらえ方の角度を変えてみましょう！

Q2 最大のENEMYは「友達」かもしれません。友達の誘いはどう断ったらいいですか？　今は未読スルーなどしてすっとぼけているのですが。

A2 たぶん友達は受験勉強中とは知っていても、まさか朝から晩まで勉強をしているとは思っていなくて、おそらく単純に去年までと同じ感覚で声をかけてきているのかもしれませんね。
なので、未読スルーなどでかわすのではなく、「実は今めちゃくちゃ勉強してて、行きたい大学の合格目指して今年は最後まで本気で頑張りたいので、ごめん、遊べない！」と正直に状況を伝えてはどうでしょうか。友達も足を引っ張りたいわけではな

キーエンス

外報に基づく上司との面談

▼▼▼

EDIT STUDY

1on1面談

ポジティブ心理学に基づいた1on1面談で学習管理だけでなくメンタルケアも

キーエンスには「外報」と呼ばれる外出報告書があります。営業担当は事前にどこに何分訪問してどんな内容を伝えるかということを記入し、それをもとに上司と一対一で面談を行ってから外出をします。外出から戻ったら、どのような商談をしたのかを外報に細かく記入し、上司と一対一で振り返ります。誰とどんなやり取りをしたのか、どのような展開になったのかを上司に報告してアドバイスを受けることで、より成果が上がるようになっていきます。

このサイクルを日々繰り返すなかで、どれほど行動をしたのかを週ごとに可視化するのが週報です。週ごとに電話をかけた件数、訪問件数、商談件数などが見られるようになっています。キーエンスでは契約を取るまでには電話をどのくらいの件数かければよいのか、どのくらい訪問すればよいのか、商談を何件行えばよいのかという基準が明確になっているので、その基準に対して自分の営業活動の状況を照らし合わせて、目標達成のためにはどのような行動を増やしていくべきかを明らかにします。

キーエンス時代に身をもって経験したこれらのノウハウを、私の塾では学習時間を可視化することと、先生と生徒との1on1面談に応用しています。キーエンスでの外出報告書に基づいた上司との面談が、私の塾では先生と生徒による1on1面談にあたります。その1on1面談の際に参考にする学習記録が、キーエンスでの週報にあたるわけです。これこそが、私の塾で行っている志望校合格のためのメソッドのなかでも最も重要なものの一つです。

私の塾が少人数制であることと、1on1面談を入塾から毎週1回の頻度で行うように仕組み化していることが、塾での質の高い1on1面談を可能にしています。

生徒は毎週、授業を担当している先生と一対一で15分程度の面談を行います。授業で顔を合わせるだけでなく、じっくりと対話する時間を重ねていくことで信頼関係が深まっていきます。すると、最初は口が重かった生徒もいろんな話をしてくれるようになります。

大学受験に至るまで、生徒たちはさまざまなことに悩みます。毎週の1on1面談で勉強の計画についてはもちろん、漠然とした不安との向き合い方やモチベーションの保ち方などさまざまな相談に乗っていきます。

1on1面談のクオリティを高めて仕組み化するようになったきっかけは、選択科目の授業を動画にしたことでした。選択科目は知識を暗記することがメインであるため、動画を視聴する形でも学習効果は変わらないのではないかという仮説のもと、試験的に授業を動画に切り替えてみることにしたのです。選択科目を動画にしたことで先生たちの時間が空くので、その時間を活用して生徒との一対一の面談を実施すると、これが思わぬ成果につながりました。試験的に1on1面談を導入した校舎の合格実績が飛躍的に伸びたのです。

その要因として、選択科目を動画にしたこと自体が関係しているとはあまり考えられませんでした。なぜなら動画で扱っている内容は、これまでに対面授業で行っていた内容と変わらないからです。そうなると、1on1面談が合格実績のアップに貢献した可能性が高いと考えられます。

そこで実際に生徒に話を聞いてみると、生徒たちは塾に通ったなかで1on1面談が良かったと口をそろえて答えました。特に受験期には、先生と話す時間をもてたことで不安な気持ちを軽くしたり、モチベーションを上げたりすることに役立ったと言います。

1on1面談が良い効果をもたらすならば、全校舎で導入し、どの校舎でもどの先生でも同じ効果を上げられるようにクオリティを担保しようということになりました。

この面談では、先生がただ漫然と生徒の話を聞くわけではありません。先生は全員が「Positive Psychology Coaching（ＰＰＣ）」認定資格をもっています。これは一般社団法人 School for Strengths-Based Education 代表理事・慶應義塾大学大学院医学博士 松隈信一郎氏（公認心理師）によって開発されたコーチングの手法です。

先生たちは傾聴や質問を投げかけることによって、生徒の悩みや問題に関して今まで気づかなかった新たな発見を彼らにもたらし、生徒自身が解決策を考えて自ら行動するようガイドしていきます。受験に対して不安な気持ちが湧いてきたり心が折れそうになったりしている生徒に寄り添いながら、志望校合格まで伴走していくのです。

1on1面談では、生徒自身が話したいテーマを選びます。面談のテーマには次のようなものがあります。

- 一緒に過去問分析をしたい、勉強法の相談をしたい
- 勉強スケジュールを立てたい
- 志望校選び、出願の相談をしたい
- モチベーション・不安の相談をしたい、励ましてほしい
- その他（勉強以外のテーマでもＯＫ）

時期やタイミングによっては先生がテーマを決めることもありますが、基本的には生徒が自ら選ぶようにすることで、受験生としての当事者意識が高まり、自主性や主体性を育

むきっかけになります。

1on1面談では、生徒と先生とで対話をするなかで、「KPT分析」を行っていきます。KPT分析というのは「Keep（良かったこと・継続すること）」「Problem（改善すべきこと）」「Try（アクション）」を分析することで、改善を加速させていくフレームワークです。

「K（良かったこと・継続すること）」では生徒一人ひとりのポジティブな要素・変化に焦点を当て、先生が褒めて認めます。こうすることで、生徒が「P（改善すべきこと）」と向き合いやすい状況をつくります。

そして、「P（改善すべきこと）」では、なぜできていないのかではなく、どうしたらできるようになるかを考えます。行動を前に進める質問を通して、生徒自身が改善すべきことと向き合うきっかけをつくるのです。

「T（アクション）」では、何を、いつ、どこで、どのようにしていくかを、生徒と先生で決め、1週間後に改めて学習記録などを使ってKPT分析を実施します。

このサイクルを入試までの10カ月にわたって続けることで、生徒一人ひとりに合った最適な学習計画のもと、モチベーションを維持して受験勉強を進めることができるのです。

週に1回の1on1面談に加えて、出願の時期が迫ってくると出願の戦略を立てるための1on1面談を4回にわたって行います。

一般的な塾・予備校では、科目ごとに担当講師が異なり、勉強内容の質問に回答するチューターは大学生アルバイトであったり、進路面談を担当するのは普段ほとんど関わることのない正社員のスタッフだったりといったケースがよくあります。

しかし、私の経営する塾では一人の先生が授業内容も日々の学習状況も把握しているので、出願に際しても今後どのくらい実力が伸びる可能性があるかを加味して総合的な判断や指導ができます。模試などの偏差値を見ただけでは分からないような、出願形式との相性や、これから先の伸びしろまでを考慮に入れて出願戦略データ等の定量的なデータも駆使した一人ひとりの生徒に合った戦略を考えていくことができます。

1on1面談は先生と生徒との間で完結するのではなく、面談で話したことのなかから大事な内容をピックアップして毎月保護者に向けて次ページのような月次レポートを配信しています。この内容を見れば、どのような面談が行われているのかを保護者も知ることができるようにしています。

EDIT STUDYでは週に1度、生徒と担当の先生による1on1面談を実施しており、親御さんには月に1度、大切な面談をピックアップして配信しております。
今月のレポートは以下2点になります。

①「夏は受験の天王山」

天王山とは1582年に明智光秀と豊臣秀吉が山崎の戦いで争った場所であり、「ここぞという勝負所。運命の分かれ道」という意味で「天王山」という言葉が使われます。

「夏は受験の天王山」は「受験の合否の分かれ道は夏である」といっているわけです。

現役生は勉強時間を確保しやすい夏休みだからこそ、既卒生はモチベが下がりがちな時期だからこそ、「ライバルと、差をつける、差を詰めること」を意識して勉強時間を増やしていきましょう。

②「7-8月のGET」

〈GOAL(目標)〉
- 夏は毎日13時間勉強を目指す、塾テストが始まるまでに2.5時間はマスト
- 英語の勉強をおろそかにしない 週間予定表のことは最低限やる
- しっかり睡眠をとる 最低限5.5時間はとりたい

〈ENEMY(敵)〉
- 夜スマホを使う時間が長くてそこから再度勉強し始めるせいで寝るのが遅くなること
- 日曜の勉強はやっぱりスマホが気になる

〈THINK & TACKLE(事前計画&実行)〉
- 13時間勉強できるのならスマホを使うのは個人的には休憩としていいと思うから時間をしっかり決める
  ➡ 家に帰るのが10時半だからスマホを使うのは11時半まで。それ以降は勉強に当てて1時には寝たい
  6時半起きは継続(できるなら早めたいけど……)
- 日曜は11時から6時の7時間の間はまずスマホの電源を切る それ以外は休憩として○

月次レポートの例

1on1面談では生徒の状態に応じて、先生からPPCに基づいたアプローチをしていきます。

次のケースを例に、どのようにアプローチしていくのか見ていきます。

【事例】

Aさんは志望校合格のために一生懸命勉強してきた結果、過去問を解いて手応えを感じるようになりました。そのためか、志望校に届くレベルにまで達したことで安心してしまい、気が緩んでいます。塾での状況を見る限りでは、遅刻や欠席も少なく、レギュラーテストでもいい成績をとっており、勉強していないというわけではありません。しかし、先生の目には、明らかにモチベーションが下がっているように見えました。

こういった場合、まずは先生の目から見えている様子を共有します。本人が自分の変化に気づいていないこともあるからです。

先生がAさんに、成績が上がったことで気が緩み、モチベーションが落ちているように見えることを話してみると、本人も自身の変化を自覚していることが分かりました。Aさ

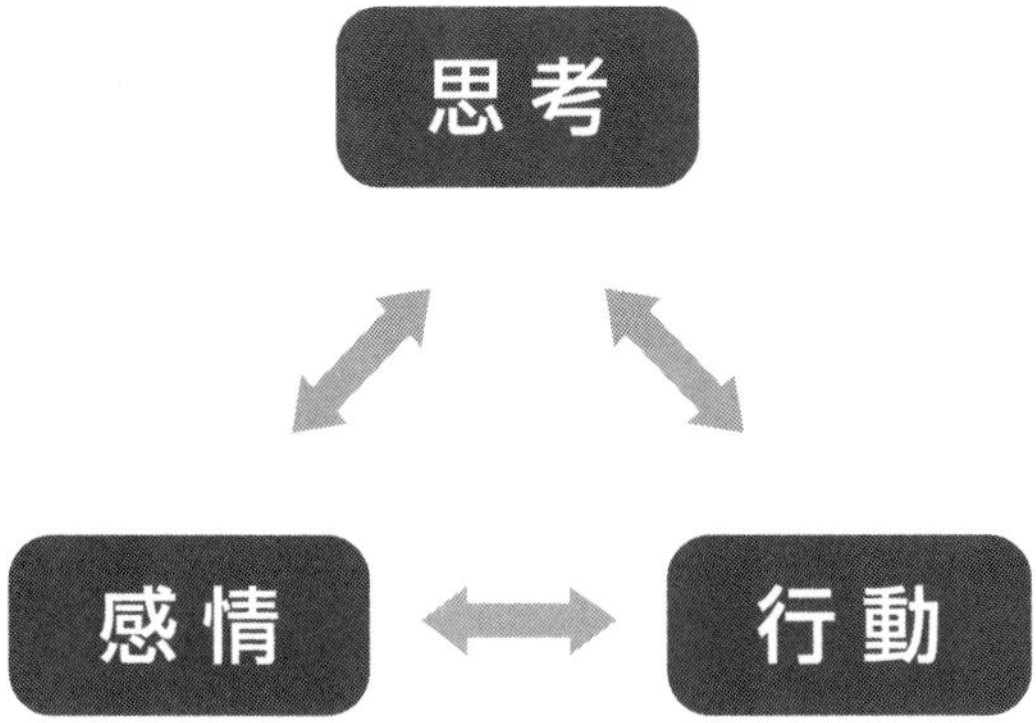

思考・感情・行動の関係性

んによると、今までは目標までの距離があったので頑張らなければという強い動機があったけれど、今は志望校合格に手が届くところまできて、これまでのように必死に頑張るほどのモチベーションがないと言います。ただ、成績が上がってきたからといって、さらに難易度の高い志望校を目指そうという強い気持ちもないので、どうすればよいのか本人も悩んでいることが分かりました。

1on1面談をする先生は、生徒の悩みを受け止めたうえでアプローチしていきます。このときに先生が頭に描くのは上図に示したフレームワークです。

人間は思考と感情と行動が密接に結びつい

ているといわれています。

Aさんのように、今のレベルで志望校に合格できそうだと考えていると、その思考が感情に影響を与えることがあります。「今のレベルで志望校に合格できそうだ」という思考の影響で、「やる気が起きない」という感情になるということです。もしくは「やる気が起きない」という感情の影響を受けて「勉強する手が進まない」という行動に結びついている可能性も考えられます。

思考・感情・行動のなかで、感情は最もコントロールしにくいものです。「今からやる気を出して！」と急に言われても、そう簡単にやる気を出すことはできません。そのため、感情そのものに直接アプローチするのではなく、思考にアプローチして間接的に感情に影響を及ぼしていきます。その感情の背景にはどんな思考があるのかを探り、感情に影響を及ぼすためにこういう考え方はできないだろうかというように考えていくのです。

もしくは、モチベーションが上がらなくても無理やり行動を起こすというように、行動にアプローチして感情に影響を及ぼしていく方法も考えられます。Aさんのケースでは、やる気がなくてもとりあえずやってみるというように、行動を起こすことで感情が変わってくることもあるからです。

行動によって感情に影響を及ぼすことの分かりやすい例として、ジムでの運動があります。ジムに行く前は「面倒で嫌だな」と思っていたにもかかわらず、実際に行って運動して汗を流したあとには「やっぱりジムに来て良かったな。気持ちがすっきりしたな」というようにジムに対する感情がすっかり変わっていたという経験をしたことのある人もいるはずです。勉強についてもこれと同じです。やる気が起きなくても、ひとまず問題集を開いて取り組み始めることで気分が乗ってきて、いつの間にかやるべき範囲を終えることができたということが起こり得るのです。

この理論に基づいて、先生たちは生徒の感情を直接変えようとするのではなく、思考や行動にアプローチする方針で生徒を見て、どんな言葉をかけたらよいかを考えます。

アプローチするのが思考でも行動でも、まずは現実を受け入れることからです。Aさんのケースでは、気が緩んでしまっている今の状況について、これは自然なことなのだと本人が受け入れられるように先生がサポートします。そのうえで、思考や行動にアプローチしていきます。

思考へのアプローチとしてまず考えられるのは、現時点の思考を整理することです。生徒のなかには「このままで合格できるかも」と思っている自分がいます。とはいえ、Aさん本人も悩んでいると先生に打ち明けてきているということは「このままではいけない」と思っている自分もいるはずです。これを踏まえて、自分のなかに2つの自分が同居していることを明確にします。

そのうえで、思考から感情にアプローチしていく具体的な方法としては、次のようなものが考えられます。

◎相反する気持ちを擬人化して会話させてみる

気持ちに緩みが出ている自分と、モチベーションを高くもって勉強しなければと考えている自分を会話させてみるというものがあります。相反する気持ちを擬人化して、お互いにどんなことを言っているのかを一人二役で会話し、自分はどう思うのかを整理していくのです。先生は生徒が客観的に広い視野で考えることができるようにサポートします。

◎自分にとって大切なことを明らかにする

自分にとって何が大事なのかという価値観を明確にするというアプローチも考えられます。モチベーションを上げるためには自分は何を大事にしているのかをより明確にしていくのが重要なポイントです。自分が大切にしているものが明確になればなるほど気持ちに変化が起こる可能性があるからです。自分が大切にしていることは何かという問いに対して、生徒の口から「大学受験に合格すること」という形で答えが出てきたとします。そのとき先生は「大学受験に合格したら何が得られるの?」などと問いを投げかけ、さらにもう一歩先の本当に得られるものに生徒がフォーカスできるように働きかけます。

◎自分がどれくらい成長してきたのかを振り返る

今までのことについて「あの頃はこれができなかったけれど、今はこういうことができるようになったんだね」というように成長を振り返ってみるという方法もあります。自分がどれくらい成長したのかは、本人ほど気づきにくいものです。生徒のこれまでの頑張りを間近で見てきた先生の視点から、以前と比べてこれだけ伸びたというようなことを示すことで、生徒は自分の成長に改めて気づき、モチベーションが上がることがあります。

◎最高のシナリオと最悪のシナリオを思い描く

現状を踏まえて、生徒に最高のシナリオと最悪のシナリオを思い描いてもらいます。生徒が自分の描いた最高のシナリオを実現しようとしたり、最悪のシナリオを回避しようとしたりすることで、感情に影響を及ぼすことができます。

行動に影響を及ぼすという方向でアプローチするには、達成感や進歩を感じることがモチベーションを上げる重要なポイントです。具体的には、次のような方法が考えられます。

◎スモールステップで達成感を得られるようにする

例えばレギュラーテストに合格することを最低限の目標として設定しているなら、目標をもう少し細かく分けて、1日のなかで小さな目標設定をより細分化してやってみる方法があります。ＴｏＤｏリストのような形で目標を書き出し、1つ終えるごとにチェックしていくと、そのたびに達成感を得られます。

その際には、調子が出やすい科目から始めてみてもよいですし、短く時間を区切って30分以上はしないと設定して時間的な制限を設けるのも有効です。人間は自分の能力とタスクの難易度がマッチしているときに、夢中になったり没頭したりするフロー状態になります。学力が上がったことで気が抜けてしまうくらい勉強の内容の難易度が下がってきている可能性もあります。そんなときは短く時間設定をすることでフロー状態をつくり出すことができます。

◎モチベーションが低くても勉強できるのはどんなときだったかを考える

モチベーションが下がったままでも、淡々と勉強に取り組むためにはどういうことができるかをブレインストーミングしてみるのも効果的です。そもそも勉強をするという行為に対して、必ずモチベーションが必要なのかという疑問もあります。実際に、モチベーションがなくても勉強にコツコツと取り組める人はいます。自分自身を振り返ったときに、モチベーションが低くても勉強ができたのはどういうときだったのかと、過去の成功体験の勝因分析をしてみるとヒントが見つかることもあります。

このように、先生たちはPPCの理論を踏まえて1on1面談のなかで生徒と向き合い、一人ひとりの悩みに対して最適なアプローチを選んで対話をしていきます。また、先生同士で事例や悩みを共有して互いに経験値を上げ、経験年数にかかわらず質の高い面談ができるようにしています。

1on1面談をするうえで必須のスキルとなるPPC資格は、取得すればそれで終わりというわけではなく、ブラッシュアップする機会を積極的に設けています。その一つがPPC認定資格を更新制にしていることです。年に1回の認定試験をクリアしなければ生徒の指導はできません。

このほかにも、1on1面談のクオリティをより高めるための取り組みとして、SS-1グランプリがあります。私の塾では先生のことをSS（Student Success）と呼んでおり、そのSSのなかでナンバーワンを決める年度末の行事がSS-1グランプリです。競い合うのは1on1面談のクオリティです。

10月に30分程度の模擬面談の録画を提出し、PPCの生みの親である松隈氏が審査して上位4人を選出します。この4人が12月の全社総会で1on1面談を実演し、オーディエンスであるほかのSSたちの投票によって優勝者が決まります。

予選を突破した精鋭たちの1on1面談の実演を全社総会の場で「審査する」という目で見ることで、オーディエンスのSSたちもより良いやり方を学び、吸収することができるのです。

ここまでして1on1面談の質にこだわるのは、生徒の志望校合格に直結することはもちろんのこと、今後、塾の役割がシフトしていくだろうと予測しているからです。すでに、手頃な価格で高品質な講義動画が観られるようになっており、塾の講師が教科の学習内容を教えることの価値は薄れてきています。これからは生徒の学習管理や進路相談、メンタル面でのサポートなどがより重要になっていくはずで、実際に1on1面談の導入によってそれらに力を入れたところ、良い結果が出たという実績があります。

キーエンス

フラットな関係性

▼

EDIT STUDY

スタンドアップミーティング

キャリアに関係なく学び合う関係性

キーエンスはオープンでフラットな社風です。例えば、上司を「課長」や「部長」などの役職で呼ぶことはありません。

役職はあくまでも役割のため「部長」や「所長」といった「長」がつく役職名はなく、「部責」や「所責」のように「責任者」の「責」といった表現を用います。また、年次に関係なく全員が「さん付け」で呼び合うため、入社年次を気にすることもありません。基本的には全員がお互いに丁寧語で話します。

会議の際には、部屋に入った順に席につくので、上座・下座を考えることもありません。ロープレをするときは、後輩が先輩に率直な意見を言うことも当たり前です。大切なのは上下関係を気にすることではなく、どんな付加価値をもたらすかということであり、付加価値をもたらすためにどんな行動をするかということです。

塾を起業したばかりの時期は私と村山先生の2人でやっていましたが、規模が大きくなって社員の人数が増えていくに従い、社員の間で社会人としての経験値や能力による上下関係が生まれていた時期がありました。その状態ではボトムアップでの提案は上がってきません。雰囲気も悪くなりますし、組織として良い状態ではないと感じました。

今は、年次や役職に関係なく、お互いのことを○○先生と呼び合い、全社員がZoomを使ってオンラインで顔を合わせるスタンドアップミーティングで、出社している全社員がフラットな関係性のもと情報共有を行っています。各自の悩みを共有したり、気づいたことがあれば細かいところまで年次に関係なく発言したりしています。

全員が当事者意識をもてるように、ファシリテーター（調整役・司会）はランダムに担当します。ファシリテーターになった人はＺｏｏｍに入ってきたメンバーに一人ひとり名前を呼んで挨拶することで良い雰囲気をつくります。

このミーティングでは、ファシリテーターの「Good or New（＝良かったことや新しいこと）」から始め、自己開示をしながら雑談のきっかけをつくります。

そのあとは生徒と先生との信頼関係を数値化した信頼指数やオペレーションの確認など、質問対応や不明点の解消をして、気がかりのない状態で授業に入っていけるようにします。また、生徒の成績が上がっているかを見るＳＡシートや、生徒との関係性が今どれくらいの状態にあるのかを示す指数に対してフィードバックをしながら、数字としては現れていないような繊細な部分も共有していきます。

先生としての経験年数に関係なく生徒の成績がどういう感じで上がったのかという話をすることでお互いに学びがあり、ノウハウを自然な形で共有することができるようになりました。これは社内の雰囲気を風通しの良いものにするだけでなく、生徒の成績を上げるためにも役に立っています。

キーエンス

ナレッジ

▼
▼
▼

EDIT STUDY

カルチャー

助け合える、学び合える、認め合えるカルチャー

キーエンスでは情報を囲い込むことは「ダサい」と考えます。

一般的な塾・予備校は自分のノウハウを隠しもってやっている人も多いですが、キーエンスだと、自分の営業成績が良くてその要素にノウハウがあるとしたら、それを公開しないと営業パーソンとしてダサいという風土がありますし、実際に情報をアップした数も共有されています。大口の契約が取れたら、その契約を取れた理由をいくつアップしたかという数も共有され、ナレッジ（知識）を共有しなければならないシステムになっています。

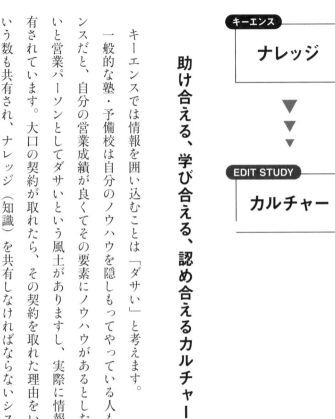

私の塾でナレッジを共有するシステムがスタンドアップミーティングであり、生徒の成績を上げる方法や、どの参考書が良いか、どう使うと効果的か、どんなアドバイスが響いたかなどを学び合えるようになっています。

このような学び合う風土をつくるために欠かせないのが助け合える、学び合える、認め合えるカルチャーです。カルチャーは会社にとって何を優先すべきで、どんな意思決定をし、どんな戦略を立てるかを考える際の指針となります。

塾・予備校の仕事は感情労働です。人と人との仕事なので、絶対的な正解はなく、なんの指針もなく話し合っていては議論に決着がつきません。しかし、全員がこのカルチャーを共有していれば、互いの共通の理解に基づいてスピーディに意思決定ができます。また、カルチャーに基づいた意思決定であれば、なぜそうするのかという部分の周知に時間をかける必要もありません。

私たちのビジョンは、一人ひとりのゴールに伴走することで「やり抜く力」と「折れない心」を養い、より多くの人たちに「人生の選択肢の広がり」を提供するというもので、このビジョンの実現に向けて前進しているかどうかがカルチャーとあわせて意思決定の基準になります。

「人生の選択肢の広がり」を提供することをビジョンとしているので、例えば推薦入試のほうがより良い選択となる生徒に、利益を追って無理に一般入試の受験を勧めることはあり得ません。

さらに、このビジョンを実現するために、次に掲げるバリューを追求しています。

- Start with CAN（CANで始める）
- Be a Pro（プロであれ）
- ONE TEAM（一つのチーム）

社内のミーティングなどでは、「それは Be a Pro 的にどうなのだろう」とか「Start with CAN 的に考えるとどうだろうか」というように、話し合う際の指針になります。

そして、より良いものを ONE TEAM で築き上げるために、信頼関係をベースにしてオープンにディスカッションのできる「透明感のある温かい空気」をつくるようにしています。その空気をみんなでつくり上げるために大切にしていることこそ、助け合える、学び合える、認め合えるカルチャーなのです。

社員を採用する際にはこのカルチャーに共感してくれる仲間かどうかを基準にしています。会社のカルチャーに共感している人同士だからこそ、お互いに感謝と賞賛が生まれ、その結果として透明感のある温かい空気がつくられると私は考えています。

キーエンス
直販体制
▼
EDIT STUDY
SS制度

深く関わることで付加価値が上がる

キーエンスでは自社の商品知識のある営業担当が顧客と直接やり取りし、ニーズを吸い上げて開発につなげていきます。直販体制は創業時からの伝統で、工場向けの機器の競合となる他社が代理店や商社を介して全国の顧客に販売しているのとは対照的です。直販体制をとることで、代理店を通した間接営業ではあり得ないスピードで商談を展開することができます。また、自社の営業担当が顧客に深く入り込むことで、得られる情報量もそれを受けて行う提案の質も上がります。

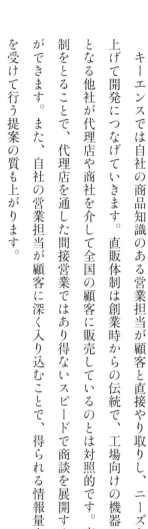

一般的な塾・予備校では、授業をする人・質問に答える人・進路相談に乗る人がバラバラであることもよくあります。特に大手予備校では教科ごとに授業を担当する講師は、一度に100人を超える生徒に授業をします。しかも複数の校舎を掛け持っていることがほとんどで、一人ひとりの生徒の質問に答える余裕はありません。

また、映像授業型の塾・予備校ではそもそも授業をしている講師に会うことはありません。そのため学生アルバイトなどによるチューターに質問し、答えてもらうことになります。しかしチューターは人によって経験や能力にばらつきがあり、必ずしも最新の入試動向に詳しいとは限りません。

また、進路についての相談を普段はまったく接点のないスタッフが担当することもあります。その場合は、これまでに受けた模試の結果などを見てアドバイスが行われますが、模試の結果というのは、あくまでも過去のある時点における学力に過ぎません。普段どのように勉強をしているのか、どれくらい勉強しているのか、これから残された期間でどれくらい伸びる可能性があるのかという要素はまったく加味されずにアドバイスがされることになります。これでは本人にとって最適なアドバイスを受けられないということになり

電子ボードを使った対話式授業

ます。

私の塾では正社員である先生が少人数対話式授業をし、生徒からの質問を受けます。そして、授業を担当している生徒の学習状況を詳細に把握したうえで、週に1回の1on1面談も行っています。その結果、生徒のことを深く理解でき質の高いコーチングをすることができるのです。

キーエンス
実機デモ

▼

EDIT STUDY
体験授業

体験してみるからこそ実感できる良さがある

私がキーエンスにいた頃に所属していたのは、センサを扱う部署でした。顧客のところに実機を持っていき、実際にセンサを見てもらい、触ってもらって、センサがちゃんと検出できることを実感してもらってから契約するという流れでした。商品の情報を口頭でどれだけ伝えるよりも、こうしたほうが実際に導入した際のイメージもしやすくなります。

塾・予備校の場合、それに相当するのが体験授業です。一般的な塾・予備校では、より多くの生徒に入塾してもらえるように体験授業で人気の講師の授業を体験させるものの、普段はその講師の授業を受けることはできないということがあります。多くの生徒を獲得できればよいのかもしれませんが、生徒側としては体験授業によって思い描いたイメージと実際の授業が違うということになります。

私の塾の場合は、その校舎に所属している先生が体験授業を担当します。塾に入ったら授業を受ける可能性のある先生が担当するということです。

また、体験授業に加えて1on1面談の体験もしています。その面談では、塾選びをするための自己分析を一緒にしていきます。学力が高くて大手の予備校で特待生になるような生徒であれば、大手の予備校を勧めることもあります。

私の塾は少人数対話式授業なので、みんなの前で話すのが極端に苦手な生徒であれば、映像授業型や個別指導型の塾・予備校を勧めることもあります。先生に入塾率のノルマはないので、親身になって目の前の生徒が自身にとっていちばん良い選択をできるように自己分析を手伝います。

体験授業と1on1面談は納得するまで、同じ校舎であっても何回でも受けることができます。なぜなら、たった一回の体験授業だけでは十分に理解できないと考えているからです。入塾してどの先生が担任になるかはその時点ではまだ分からないので、体験授業を複数回にわたって受ける場合は、担当する先生を意図的に変更します。

いろんな先生と接してもらって、どの先生もプロフェッショナルで、同じクオリティの授業と一対一の面談が受けられるということを確かめてから入塾してもらっています。特定の先生との相性というよりは、その校舎との相性が良ければ入塾するというイメージです。そうやって3回ほどの体験授業を受けてから入塾に至るというケースが多いです。

キーエンス
キージャン
▼
EDIT STUDY
ノベルティ

服装が発するメッセージ

キーエンスでは、主な営業先である工場や研究所の顧客と同じ目線で営業するため、就業規則において白Yシャツ以外は許されておりません。また、ストライプなど派手なスーツも禁止されています。「キージャン」と呼ばれる、キーエンスのロゴの入ったジャンパーで現場に向かいます。

これを応用したのがノベルティです。私の塾ではTシャツ、パーカー、ポロシャツ、バインダー、ステッカーをノベルティとして用意しています。これは現場の先生からの提案で、コロナ禍の2020年から始めました。人と人とのつながりが希薄になっていた時期に、塾全体にポジティブな一体感を出すことが目的でした。

学生アルバイトを講師として雇っている塾・予備校では、先生がスーツや白衣を身につけていることがよくあります。それは学生をきちんとした先生らしく見せる効果や、誰が正社員で誰がアルバイトなのかを分かりにくくすることを狙っており、あまりポジティブな目的では行われていません。

私の塾で先生がおそろいのパーカーを身につけるのは、先生が生徒と同じ目線に立つということと、生徒が相談しやすいようにするためです。スーツを着ている先生とTシャツを着ている先生がいたとしたら、多くの生徒にとって気軽に相談しやすいのはTシャツを着ている先生です。

また、先生同士が連携して一つのチームとして生徒のことを支えているということも示しています。

おそろいのパーカー

ホームページ上で公開している合格者インタビューでは、生徒がこのパーカーを着て担任の先生と一緒に写真撮影をするというのが恒例になっています。そのため、生徒のなかでこのパーカーが合格の象徴のようにもなっていて、「あのパーカーはどうすれば買えますか?」と聞かれることもあります。

一人の先生が一人の生徒の全責任を負うシステムになっていますが、生徒たちは自分の担任の先生以外とも仲良くなります。先生たちは週休3日なので、毎日自習室に通ってきている生徒は塾に来ても担任の先生に会えない日がどうしてもできてしまいます。

そんなときは、担任以外の先生に質問に行ったり、勉強の合間におしゃべりに来たりします。どの先生も授業の質と内容に大きな差がないので、生徒からの質問にも答えられます。そうやって接点ができるので塾全体で仲良くなります。

キーエンス
ドラキーエンス研修
▼
▼
▼
EDIT STUDY
1週間トレーニング

オペレーションの工夫と仕組みでクオリティを担保する

キーエンスでは、入社後に1カ月かけて研修を行い、現場で通用する知識とスキルを身につけます。

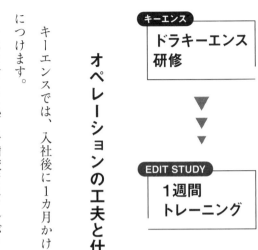

それに対して塾・予備校ではアルバイト社員にきちんと研修をすることもなく教壇に立たせたり、個別指導にあたらせたりということがよくあります。

私の塾では入社前に研修で使う資料を一式送り、入社後に1週間かけて必要なトレーニングを行います。1週間という期間はキーエンスの研修期間と比べるとかなり短いのです

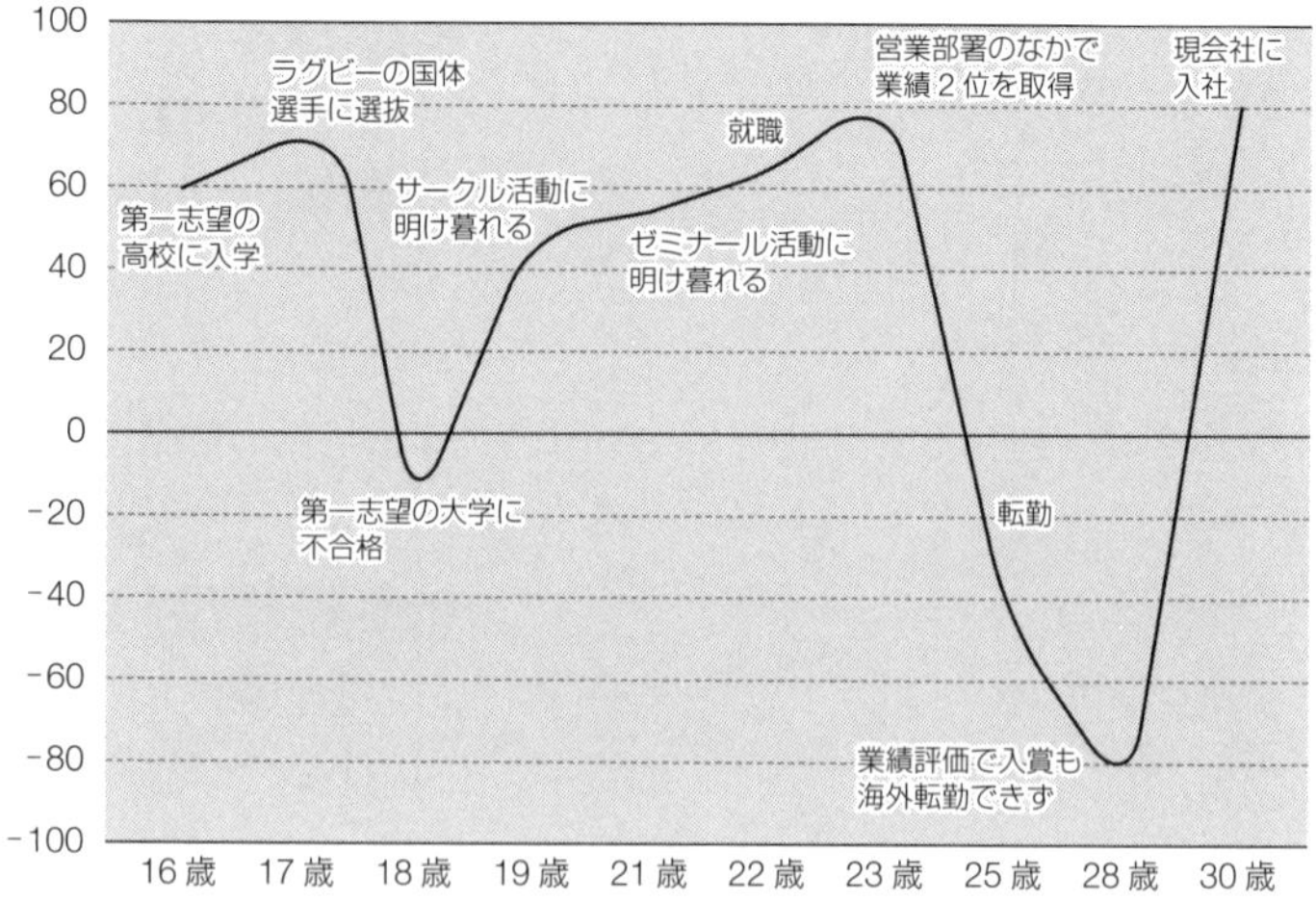

モチベーショングラフ見本

が、この期間に習得するのは授業や1on1面談といった生徒への対応なので、この日数で行っています。

まずはカルチャーガイドの読み合わせをして、会社の考え方をよく理解してもらったうえで、モチベーショングラフをそれぞれの社員が作成します。

モチベーショングラフでは、これまでの人生を振り返ってどんな出来事があったときにモチベーションがどう変化したかをグラフにしていきます。1週間という期間の限られた研修であるにもかかわらず、あえて授業や1on1面談とはまったく関係ないようなモチベーショングラフの作成をする理由は二つあります。

一つは個人のキャリアと会社のビジョンが一致しているかを確かめるためです。個人のキャリアと会社のビジョンが合っていなければ本人にとって働きづらい会社になってしまいます。就職する際にそのすり合わせはしているはずですが、入社直後のタイミングで再度確認する機会を設けています。

もう一つは、その人がどんなときにモチベーションが落ち、どんなときに上がるのかが分かるからです。できないケースもあり、毎度すべてにそうしているとは限りませんが、モチベーショングラフを作成するパートは動画として記録していて、このトレーニングに参加できなかった人も観られるようにしています。新入社員が各校舎に配属されるとき、それぞれの校舎の社員は全員、新入社員のモチベーショングラフを確認します。そうすると、先輩社員は新入社員のことをある程度理解できた状態で迎えることができ、配属後のマネジメントがしやすくなります。配属当日には、校舎に「ワンチーム弁当手当」を出しています。全員でちょっと贅沢なランチを楽しみながら、新入社員を歓迎します。

いかに早く困ったことを相談できるようになるかというのが大事だと考えているので、

配属後に新入社員が安心して相談できると感じられるチームをつくることを重視しています。

最初の1週間の研修で生徒への対応の基本を学んでいますが、実際に生徒の対応をしていると、聞かれて困ってしまうようなことが必ず出てきます。それをその場ですぐに先輩社員に聞ける関係性がないと、生徒への回答が遅れたり、的外れなものになったり、誤ったことを言ってしまったりするリスクがあります。そのため、配属直後の人間関係の醸成は大事にしています。

研修の2日目から4日目までは、自習↓チェックテスト↓自習というサイクルで教科知識や授業のスタイルの習得を進めます。その後、ＰＰＣトレーニングでポジティブ心理学に基づいたコーチングの技術を学びます。ＰＰＣトレーニングは15のセクションに分かれていて、ロープレ形式で学ぶパートと、座学のパートがあります。最終日には、実際に教える予定の生徒の情報に基づいて、生徒一人ひとりとの1on1面談のロープレをしてテストにクリアできれば終了です。

現場に配属されると、マネジャーと必ず週に1回の1on1面談を30分しています。この面談では先生本人の話したい話をするということになっており、アジェンダ（実施計画）は設定しません。そのためプライベートの話から、仕事の悩みまで話題は多岐にわたります。経験の浅い先生にとっては1on1面談が良い学習の機会になっています。特に1年目の先生は何もかもが初めてなので、マネジャーから経験談を聞くことでまだ経験していないことに備えることもできます。

「自分のクラスにはこんな生徒がいるんですけど、それに近い生徒ってどこの大学に受かったんですか」とか「どういう感じでサポートしていけばよいのでしょうか」というように、1年目の先生は未来について分からないことが多くあります。そのため、すべてのレベルのクラスを経験しているマネジャーから経験を共有することで、自分がまだ経験していないことも疑似体験していくことができます。

その面談の内容は全部私のところにレポートが届くので、社員数が増えて直接コミュニケーションをとることが難しくなってきても、誰がどんなことを考えていて、どんな状態なのかということを把握できるようにもなっています。

マネジャーといっても、私の塾は2021年から急拡大してきているので若い社員が多い状況です。そのため、クオリティを担保するためにはオペレーションを工夫し、経験が足りない部分は仕組みで補えるように、システムをどんどん進化させてきたという背景があります。

具体的には授業に使うパワーポイントのつくり込みをより細かくしていったり、テスト量を調整したりというようにして、属人的なノウハウに頼るのではなく、システムで成績を上げられるようにしていきました。

改善の余地があれば細かいところまで妥協せずに改良を加え続けています。普通なら人が増えるほどクオリティの担保が難しくて合格実績も下がりがちなのですが、私の塾では生徒数が増えるほどシステムも進化し、生徒数がいちばん多い直近の合格実績がいちばん良いという状況になっています。

キーエンス

回覧板

▼
▼
▼

EDIT STUDY

社内SNS

共有された情報に当事者意識をもつ

キーエンスには情報を共有するための回覧板があり、内容を確認したら各自が確認印を押すことで、きちんと情報を共有できたかを確認するシステムになっていました。

一般的な塾・予備校では一日にいくつも新しい情報が共有されること自体が少ないですし、それを確認したかどうかを確かめる機会もほとんどありません。特にアルバイト社員が多い塾・予備校だと、情報の内容によっては共有することがリスクになる場合もあります。

私の塾では2018年から社内SNSを導入し、情報をここに蓄積しています。このSNSでは、最新の大学入試情報、英検などの外部試験の出願締切日のリマインドや最新の出題傾向などをはじめ、さまざまな情報が共有されています。そうすることで、社内での情報共有のスピードは速くなりますし、生徒にいち早く最新の情報を伝えられるようになります。先生たちは出勤しているときにはこのSNSを常に閲覧できる状態にしていて、急なオペレーションの変更にも対応できるようにしています。

それぞれの先生が自分に通知のあった投稿について理解すれば「いいね！」ボタンを押し、不明点はコメントに内容を記入することになっています。これによって、共有された情報に対してそれぞれの先生が当事者意識をもって向かうことになります。

効率良く、しかし心理的安全性は確保する

キーエンスの仕組みは結果を出すために非常に効率良くできていますが、かなり細かく

管理される分、強いストレスにさらされるという面もあります。私自身はストレス耐性の高いほうだとは思いますが、それでも苦しいと感じたのは一度や二度ではありません。そのため、キーエンスのやり方をそのまま塾のシステムに取り入れるには無理があるとも感じていました。

キーエンスの仕組みを塾に応用した教育メソッドを構築するうえで気をつけたのは、生徒の心理的安全性を確保することと、コーチングのスキルを組み込むことです。

心理的安全性（psychological safety）というのは、組織行動学を研究するエドモンドソン教授が提唱した心理学用語で、自分の考えや気持ちを組織のなかで誰に対しても安心して発言できる状態のことを意味します。「チームのほかのメンバーが自分の発言を拒絶したり、罰したりしないと確信できる状態」と定義されています。

心理的安全性が高い状況にあれば、自分が質問をしたりアイデアを提案したりしても必ず受け止めてもらえると信じることができます。そのため、思いついたアイデアや考えを安心して口にすることができます。心理的安全性が確保されていれば、生徒は抱えている悩みを打ち明けやすくなり、受験期に精神状態が不安定になったときにもサポートがしやすくなります。

また、先生がコーチングの理論に基づいた対応ができると、勉強になかなか取り組めない生徒に対する声かけの仕方も変わります。「なんでできないの?」「なんで勉強しないの?」と聞くのではなくて、「どうしたらできるようになるかな?」と声をかけることで、生徒はできるようになるために前向きに自分の頭で考えて答えを出そうとします。

心理的安全性を確保し、コーチングの技術を活用して質問を投げかけることで、生徒が自ら考えて行動するように促すことが可能になりました。

環境によって成績を伸ばす合格マインド

自習室でほかの受験生に刺激されて自然に集中せざるを得ない環境や、日々のテストに向けてやらざるを得ないという環境をつくることで、生徒たちは成績を伸ばしていきます。

受験勉強を頑張っていくには、ピア・プレッシャーといって、周囲からの目線や隣で誰かが勉強しているといった仲間同士の適度なストレスが必要です。

私の経営している塾では少人数対話式の授業をしていますが、授業中は自分が当てられる可能性があり、同じクラスの仲間の考えを聞いて刺激を受けることもあります。自習室では常に誰かが頑張っている姿を目にします。そうやってピア・プレッシャーを感じ続ける環境になっています。

プレッシャーというと悪いもののように聞こえますが、みんなが頑張っている姿を見ると自分も頑張ろうと思えるという感覚であり、くじけそうになったときに前に進む力にもなりますのでピア・サポートと言い換えることもできます。

環境によって成績を伸ばすということを考えて生まれたものの一つに「合格マインド」の授業があります。メンタルトレーニングに近いのですが、人の行動をどうやってメンタルから変えていくかという内容を扱っています。

ここでは合格マインドの授業で扱っている内容のなかから、代表的な理論を二つ挙げます。

一つは「快・不快理論」です。これは目の前の「不快」を選択し続けることで、結果的に成績が上がるというものです。

例えば、夏休みのある朝、目覚めたとします。「朝から塾へ行くのは面倒だな。もう少し寝たいな」と目の前の快を取るのではなく、「面倒だけれどベッドから出て自習室に行く」というストレスのかかる「不快」のほうを選択し続けるということです。

ほかにも、雨の日に自習室に出かけると濡れるから家で勉強すればよいかと考えて家にいると、そのままダラダラと過ごしてしまって、結局寝てしまうというのは受験生にとってありがちです。そうではなく、雨が降っていても自習室に行くという目の前の「不快」を取り続けることが成績アップ、ひいては志望校合格につながるという話です。

もう一つは、「GET」という理論です。それぞれGはゴール（Goal）、Eは敵（Enemy）、Tは事前計画（Think）と実行（Tackle）という意味です。

そのゴールがもし日々のレギュラーテストに合格することであれば、まず敵を想定します。

例えば、日々の勉強を邪魔する敵がスマートフォンだとしたら、塾に着いたらスマートフォンを専用のロッカーにしまうという作戦を立てます。自力で集中力を高めるよりは、環境を変えたりマインドを変えたりすることで、勉強しやすい環境に身を置くということを大事にしています。

この合格マインドはポジティブ心理学の専門家である松隈氏の監修のもと、グループワーク形式で行う全28回のプログラムにまとめました。クラスを3つのグループに分けて、5月から12月まで、週に1回のペースで先生がファシリテーションに入って取り組みます。合格マインドの元になっている理論は全社員が取らなければならないPPC認定資格の学習内容に盛り込まれています。

もともとは「ポジティブサイコロジー講座」という名前で始めたのですが、それでは生徒にいっこうに響きませんでした。理論を一方通行で教えていたということもあり、理論を知ったところで運用できるところまでいかず、頭では理解したけれど行動には反映されないという状態でした。

とはいえ、大学受験を乗り切るためにぜひとも学んで身につけてほしい内容だったので、受験生仕様に一般化し、理解しやすいように工夫することにしました。

全28回のうち、前半のコンテンツでは「いかに意思を使わないで勉強するか」というメソッドを学べるようになっています。そして、後半では入試本番に向けて不安になったときの解消法を学ぶ構成です。

前半ではイメージトレーニングとして、元プロ野球選手のイチローさんやプロサッカー選手の本田圭佑さんの昔の作文を見せて、自分が志望校に合格しているという前提に立った作文を書くといったワークもします。

私の塾では、志望校に合格した生徒にホームページ上の「合格者インタビュー」というコンテンツに出てもらっているのですが、その合格者インタビューに答えているイメージで書いていきます。どんなプロセスで合格し、そのプロセスのなかで何が苦しかったのか、今は大学にどうやって通っているのかというようなストーリーを想像して文章にしていきます。

そうやって、困難がありながらも乗り越えて成功を手にしたというイメージをかなり鮮明に思い描くことで、もし壁にぶつかったとしても、「それぐらいは想定内だ」と考えることができるというわけです。

このワークをする際には、過去に蓄積している作文を文集のようにして配るのですが、そうすると先輩たちがどのように合格していったのかが分かって、自分に置き換えてイメージしやすくなります。

合格者インタビューのフォーマットに沿って内容を埋めていくので、ゼロから作文を書くほどの負担はありませんが、なかにはイメージするのが難しい生徒もいます。そういう場合は先生が横について「受験前にはこんなこともありそうだよね」「合格したらこうなっていそうだよね」というように対話をしながら書いていきます。

そうやって夏の時点で自分が志望校に合格しているイメージをつくり、後半の不安解消のパートに入っていきます。

後半に行う不安の解消では、受験生によくある悩みに理論を当てはめていきます。伸び悩む時期には不安に駆られるものです。そんな状況に陥って視野が狭くなると、「こんなに頑張っても成績が伸びないのは、私の頭が悪いからだ」などと考えて落ち込んでしまい、勉強が手につかなくなります。

この解決にはセルフコンパッションという理論を使うことができます。これは自分自身に対して思いやりをもち、自分を素直に受け入れるというものです。

EDIT STUDY 合格者インタビュー！

【明治】大学【商】学部合格！【[redacted]】さん

時は20[redacted]年3月中旬。
あなたは第一志望の合格を掴み取り、担当だった【[redacted]】先生から「合格者インタビュー」を頼まれて【[redacted]】校にてインタビューされています。

○インタビュー開始

先生：久しぶり、第一志望合格おめでとう！今日はインタビューよろしく。
まずは8月末の英語総復習テストで目標点取るために、具体的にどのように勉強を頑張ったのか教えて！

総復習テスト準備期間の1週間は1日12時間は勉強しました。朝6時30分に起きて単語200を90分見直してから、9時30分に自習室に行きました。授業時間にあるプレテストは全て満点を取れるように勉強し、21時頃まで自習をして、寝る前にもその日、理解や暗記が怪しいモノを見直しました。

先生：さすがの頑張り！8月末の英語総復習テストは何点取れたんだっけ？

【500】／500点

先生：お～すばらしいね。
第一志望の合格を知った時はどんな気持ちで、誰が一緒に喜んでくれたか具体的に教えて！

生きてきた中で1番最高の気持ちでした。ずっと目標にしてきた明大生になれたなんて信じられませんでした。親と一緒にスマホで確認して大喜びしました。

先生：最高の気分だね。ところで大学までどれくらいかかるんだっけ？

約【25】分／交通機関【電車】

先生：大学生活で何をしたいか詳しく教えて！

もちろん勉強も大切ですが、正直な所遊びたいという思いもあります。バイトもして交友関係を広げたり、おいしい学食を食べて、和泉キャンパスにあるきれいな図書館で読書や勉強をしたいです。大学野球の観戦もしたいので神宮球場に行って応援したいです。

先生：いいね！最後に第一志望の合格以外に受験生活で「こんな自信がついた」みたいなものを教えて欲しい。

「やり抜く力」がついたというのは自信を持って言えます。これまで何をやっても中途半端な自分でしたが、最後までやり抜けました。モチベーションの浮き沈みなどはありましたが、色々な人に支えてもらいながら明治に合格できたので感謝しています。新たなチャレンジにもこの自信を持って挑みたいです！

先生：今日はありがとう、何かあればいつでも塾に遊びに来てね！では引き続き充実した大学生活を！

合格者インタビューのフォーマットに沿った作文ワーク例

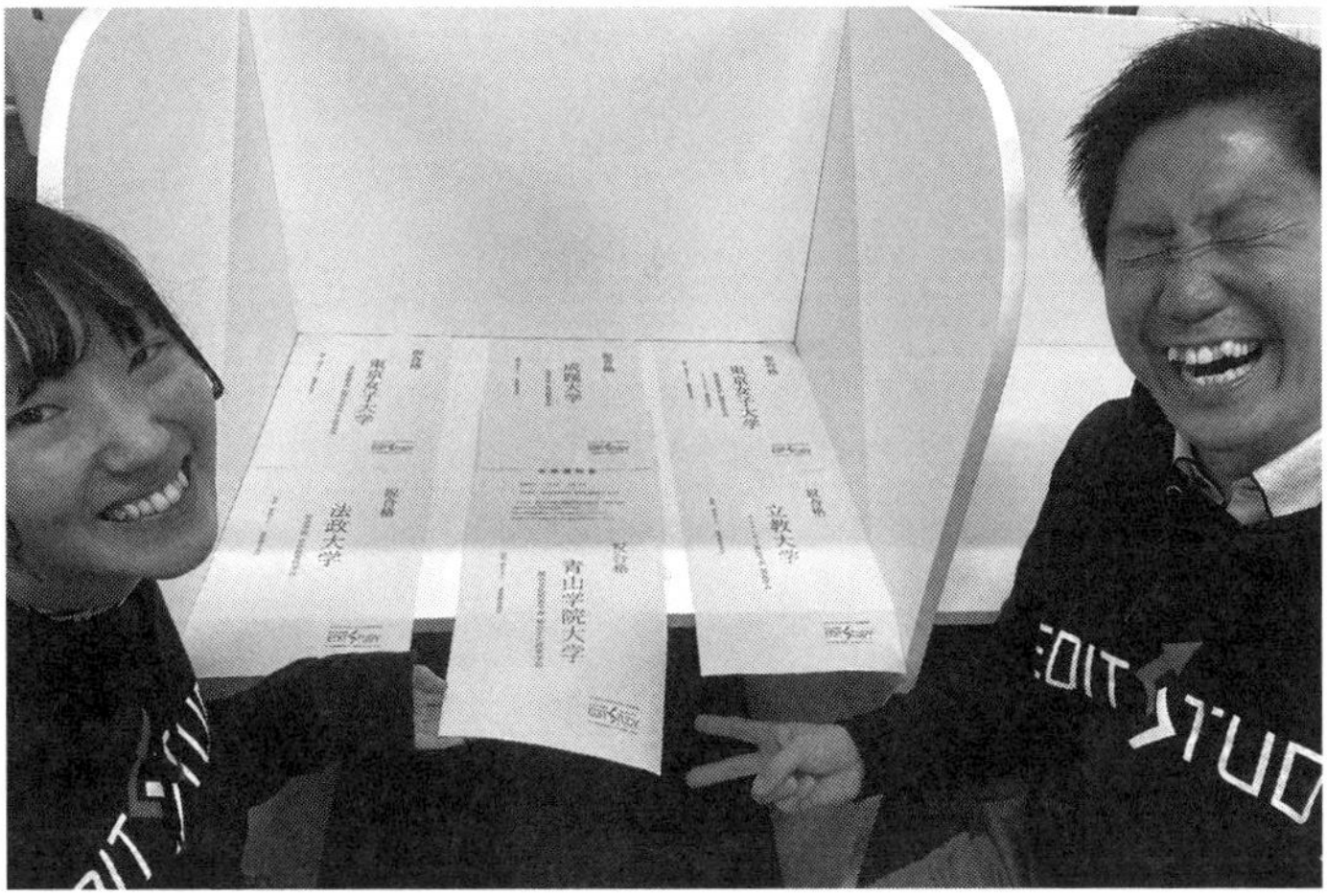

合格者インタビュー

例えば「もし親友が一生懸命頑張っているけれど成績が上がらなくて不安になっているとしたら、どんなふうに声をかける？」というように問いかけます。すると生徒は「大丈夫だよ。そんなに頑張っているんだから、きっと結果が出るよ」などという言葉を考えます。このワークを経験しておくことで、今後自分が同じように伸び悩んでも落ち込むことなく、自分自身にもその言葉をかけて前向きに勉強に向かうことができます。

あるいは、不安で押し潰されそうになったときに、感謝を手紙につづってみるという方法もあります。実際に渡さなくてもよ

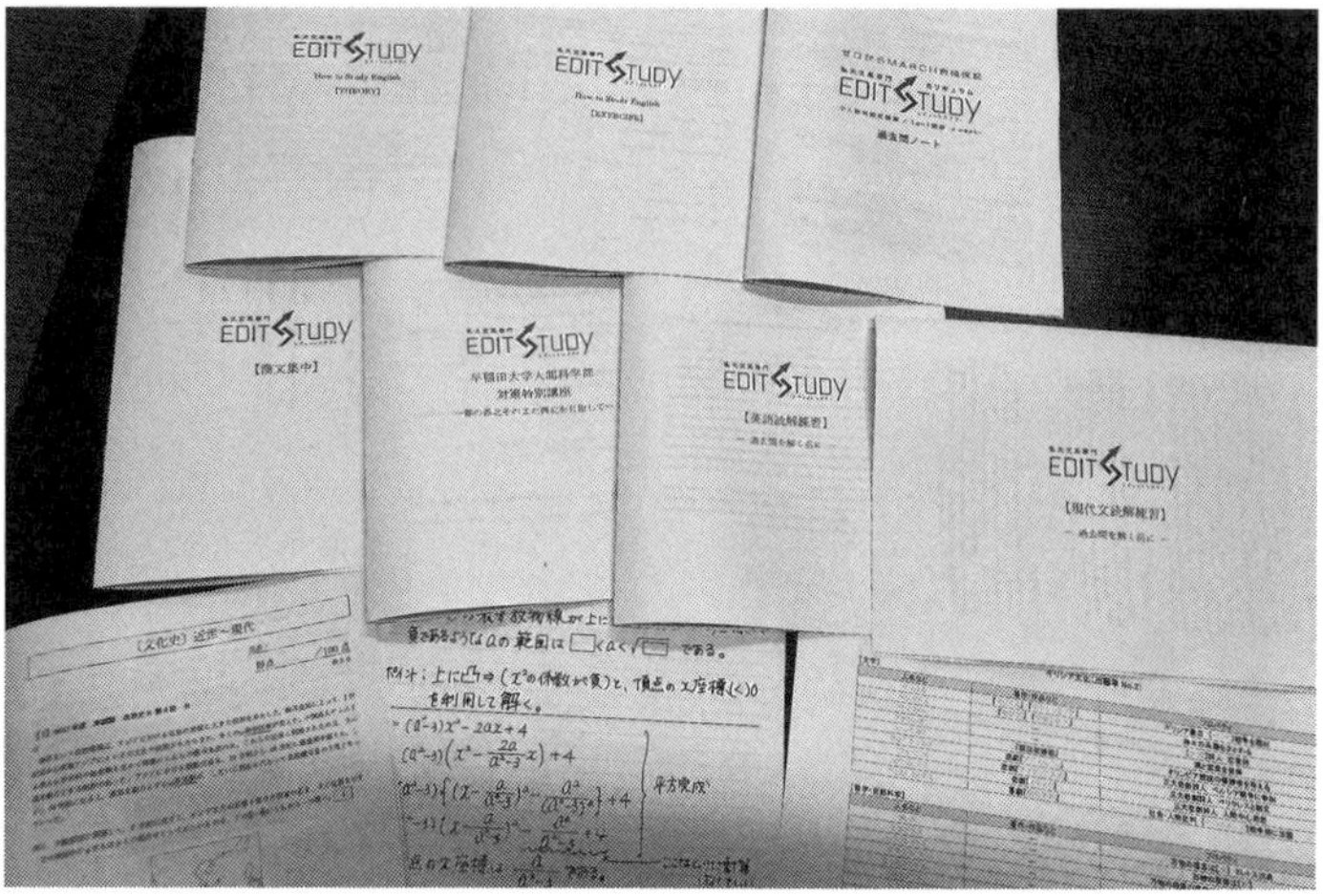

教材の一部

いので親御さんや友人などに向けて書いてみると、気持ちが落ち着いてきます。なかには、感謝の気持ちを毎日書くという生徒もいます。

授業では、まずケーススタディがあり、それに対して解決法を説明する流れになっています。その裏付けとして心理学の理論にこういったものがあるというのをプリントにまとめて穴埋め式でやっていき、自分のケースに当てはまっているものをグループでシェアしていくというのが基本の流れです。その際には、必ず先生が自己開示して、受験生時代の自分に当てはめて話すことになっています。先生が先に自己開示することで生徒も話しやすくなり、信頼関係の構築にもつながっています。

グループワークなども行われ、今週のＧＥＴは何かという話を全員で共有したりもします。「今週の私の敵はこれで、こんな対策をします」というのをお互いに発表します。

例えば「今週の私の敵はスマホです」と言う人がいれば、「じゃあ、今はスマホとどう付き合っているの？」といった話をみんなでするうちに、「今週はそのアイデアをやってみようかな」というように話が進んでいきます。自宅にいるとどうしてもスマートフォンを触ってしまうということであれば、「自習室に来たほうがいいよね」という話になりますし、「自習室に来られる可能性を上げるには、自習室に来る約束を誰かとしてみるのもいいよね」という意見が出ることもあります。そうこうするうちに、仲間同士で「じゃあ、自習室に来る約束をしよう」「自習室に来たら一緒にスマホをスマホロッカーに預けよう」というように自分たちで次の行動を決めます。

クラスによってどんな話が出るかは多少変わりますが、この合格マインドの時間は生徒たちの発散の場にもなりつつ、お互いに宣言し合うので「宣言した以上はやらざるを得ない」という前向きな強制力にもなります。

孤独を克服できるコミュニティをつくる

合格マインドの授業は、生徒たちのコミュニティ形成にも一役買っています。私の塾は高3と既卒生を対象にしているのですが、そのなかでも既卒生の最大の敵は「孤独」です。大手の予備校などでは孤独であることに精神的にストレスを受けて通わなくなってしまうというのはよくあるケースです。そのため、合格マインドのグループワークは既卒生が孤独にならないようなコミュニティづくりにもなっています。

また、1on1面談をしていると、生徒から「気になる人」の話が挙がってくることがあります。例えば「あの人はいつも自習室にいるけれど、どんな人なのか」といった話が出てくるのです。そういうときは、1on1面談にその生徒を呼んで会話する機会をつくることもあります。また、既卒生には女子の比率が少ないので、先生が女子生徒同士をつなぐと、そこから親友同士になっていく人たちもいます。同じ目標に向かっている仲間ですし、朝から晩まで自習室で頑張っている生徒同士だと、家族よりも長い時間を一緒に過ごしていることもあります。

こういったコミュニティができてくると、着実に勉強量に反映されます。生徒同士のつながりがあるほうが塾に来るようになりますし、自習室にいるときには仲間がいたほうが頑張れます。成績を伸ばしていくうえで、お互いに切磋琢磨できるコミュニティは大切な要素の一つです。

しかしなかには、コンビニに一緒に行って長時間おしゃべりをしてしまうなど、お互いにマイナスになるような接し方をしてしまう生徒もいます。そういうときには、まずは全体に向けて話をし、合格マインドの授業のなかで「なんのために塾に来ているのか」「なんのために勉強をしているのか」といったことを話し合います。場合によっては1on1面談で話をすることもあります。

1on1面談では先生から「今はこういう状況だよね」と確認していくことから始まり、だんだん生徒が言われたことをそのとおりにできるようになり、やがて自分で解決策を提示できるようになります。「今こういう状況で、自分としてはこういったものをやろうと思うんですけど、先生はどう思いますか？」と相談できるようになるのです。さらに進歩すると、「こういうふうにやろうと思って、実際にこういうふうにやってみて、今、こういう状況です。だから次はこうやってみようと思うんですけど、先生はどう思いますか？」というところにまで達する生徒もいます。

ただ、そこまで突き詰めるからこそ、別の不安が襲ってくるということもありますし、成績が上がった結果、それ以上伸びなくなってくるとメンタルの悩みが増えます。そういうときには、どうしたらリラックスできるかという息抜きの話をします。

「自分がいちばんリラックスできる場所ってどこ？」と聞いて、プールだという生徒がいれば、「じゃあ週に3回ぐらい泳ぎに行ってみれば？」などと勧めます。この段階になると、根を詰めて勉強するよりは、リラックスすることを覚えたほうが、より勉強の効率が上がるようになってきます。

先生はマラソンのペースメーカーのような存在です。速く走るべきときはペースを上げて引っ張っていきますし、ペースを落としたほうが最終的にタイムが良くなるタイミングではペースを落として調整します。これは少人数制だからこそできることで、高3の4月から週に1回という頻度で向き合い続けるからこそできることです。

1on1面談では必ず生徒の表情を見て、状況を把握するところからスタートします。「今日はすごくいい表情をしているけど、何かいいことあった?」「なんだかちょっと疲れているように見えるけど、夜はちゃんと眠れている?」というように、雑談ではあるのですが、目の前の生徒の様子をよく観察したうえで、そこから話をスタートするというのを徹底しています。ですからよくありがちな天気の話などはしません。これを私たちは「雑談ウェルビーイング」と呼んでいます。そうやって、一人ひとりの成績や学習状況だけでなく、心にも寄り添って伴走していきます。

なお、1on1面談で先生が対応しきれないようなケースもあります。そのときはどんな相談が来たのかをシェアしてもらい、どう対応していけばよいのかという動画を先生全員に共有することで、似たようなケースがあったら対応できるようにしていきます。

保護者の関わり方

塾を運営していると、「親の関わり方はどうしたらよいですか？」という質問を受けることがよくあります。私の塾では「塾に任せて、口を出さずに見守ってください」とお願いしているのですが、ついつい口を出したくなってしまうという人は少なくありません。

特に中学受験を子どもと二人三脚でやってきたという保護者にその傾向があります。

次のチェック項目に思い当たることが1つでもある人は要注意です。

□ 自分の価値観を押し付けている
□ 子どもの将来の不安が 10段階で8以上ある
□ 過去に子どもの勉強についてコントロールしようとしたことがある

自分の価値観を子どもに押し付けているというのは、保護者自身が行ってほしいと思っている大学を子どもの志望校にさせているというようなことです。極端な例では、子どもが行きたい大学に合格していたけれど親がその大学への進学を許さずに、入学金を入金しなかったという話を聞くこともあります。そうでなくとも、「あなたには〇〇大学に入ってほしいな」といった話を繰り返すことで、子どもがその親の希望を叶えようとしてしまうこともあります。

2つ目の子どもの将来の不安が10段階で8以上あるというのは、子どもの進路を自分の問題のようにとらえて不安になっている状態です。親と子どもの問題は切り離して考える必要があります。

3つ目については、学習計画を親が立てて管理するということがこれにあたります。中学受験までは保護者のサポートが必要ですが、大学受験では子どもを信じて見守るという姿勢に徹してほしいというのが私たちの考えです。

私の塾では、受験のプロである先生たちが一人ひとりの生徒を見て、ゴールから逆算し、その時点での最適な目標を一緒に立てています。

例えば、これまで自習室になかなか来られずにいた生徒が「1週間連続で自習室に行く」という目標を立てたとします。自習室に来るのはお昼頃でしたが、これまでまったく自習室に来られなかった生徒にとって、毎日自習室で昼過ぎから21時まで勉強するというのを1週間続けることができたというのは大きな進歩です。目標を達成できたことを先生から褒められ、生徒は意気揚々と帰宅していきます。

ところが、家に帰って保護者から「1週間自習室に通ったたっていったって、あなた、午前中は何もしていないじゃない！」などという言葉をぶつけられたら心が折れてしまいます。

確かに、保護者としては朝から自習室に行って、9時から21時まで勉強するのが理想なのだと思います。しかし、生徒がすぐにそのとおりにできるとは限りません。その理想の状態にもっていくために、まずは自習室に来るのを1週間続けることから始めて、徐々に来る時間を早めていくように先生と本人とでプロセスをつくっているのに、それを家で否定されてしまうと、生徒は頑張っても認めてもらえないという気持ちになります。最悪の場合、塾に来ることをやめてしまうことにもなりかねません。

コントロールしようとする親

再三にわたって「口を出さずに見守ってください」とお願いするのですが、中学受験を経験した保護者にありがちなのは、子どもの勉強計画をつくり、それを親御さんが管理して、親御さんの立てたスケジュールどおりに勉強しなければ子どもに「なんでこんなこともできないの！」などと否定するケースです。保護者のサポートが不可欠な中学受験とは違い、大学受験では、生徒自身が勉強計画やスケジュールを立てて取り組んでいくことができます。しかし、その計画が気にくわないと、保護者が子どもを否定したり塾に連絡を入れたりします。子どもはそれにものすごいストレスを抱えていて、親御さんが気づかないうちに、静かに親子関係が破綻していることもあります。

そういう保護者は、子どものやることを常にチェックして、コントロールしようとする傾向があります。

塾に入室した際と退室した際に保護者の方にLINEで連絡がいくようになっているのですが、そのタイミングが少しでも予定より遅いと、「うちの子、塾に来ていますか?確認してください!」という連絡が来ます。

教育業界で働いていて、塾・予備校で生徒の成績を上げるためにいちばん関係のない業務が保護者からの悩み相談への対応です。我が子の勉強の状況や成績の伸び悩みなどが心配になる気持ちはよく分かるのですが、保護者からの長時間の電話に先生が対応することで犠牲になるのは、生徒からの質問対応のための時間です。

子どもをコントロールしたがる保護者は、最近ではキャリアのある父親に増えています。極端なケースでは、子どもだけではなく先生も管理しようとします。

「日曜日に自習室に行くように先生からちゃんと言ってもらえたか確認させてください」などといった連絡が来ることがあります。おそらく、子どもが自分の言うことを聞かないから、先生の口を通して自分の意見を伝えようとしているのだと考えられます。保護者から「自分が言っても響かないので、先生から言ってください」と言われることもよくあります。

そういう家庭では、親子の信頼関係が崩れていることがほとんどです。保護者から「子どもと連絡が取れませんが、塾に来ていますか？」という問い合わせがあったので生徒本人に確認したら、「親からの連絡が鬱陶しいので、ＬＩＮＥをブロックしたんですよね」と苦笑いされたこともありました。中学受験で親の言うとおりにして進学校に入った子に対して過干渉を続けると、行き着く先にやってくるのはこういうレベルの親子関係の破綻です。

保護者の心配が子どものプレッシャーになる

受験が近づいてくると、子どもよりも親御さんのほうが心配になってしまって、そのことが子どもに悪影響を及ぼすことがあります。

成績が伸び悩んでいる子に対して親がどのように接するかには、二つの選択肢があります。一つは、子どもの気持ちに寄り添って同じように悲しい顔をするという対応で、もう一つは子どもの話はちゃんと聞くけれど自分はごきげんでいるという対応です。受験に成功するということを考えるなら、保護者のとるべき対応は後者です。

感情は伝染するので、保護者の心配や不安は一つ屋根の下で暮らしている子どもに無言のプレッシャーとなって襲いかかります。

ただ、ネガティブな感情が伝染する一方で、幸せや嬉しいといったポジティブな感情が影響を与えるのも事実です。そのため、子どもの話は受け止めつつも、自身はごきげんな状態を保つことが、子どもの精神状態に良い影響を与えることになります。

人はポジティブでリラックスしているときのほうが、視野が広がり創造的に考えることができます。親がリラックスしてポジティブな状態であることで、その状態が子どもに良い影響を与え、より良い状態に引き上げることにつながります。

仮に、飛行機が落ちそうになって酸素マスクをつけなければならないという非常事態になったとします。その状況ではまず子どもに酸素マスクをつけるというのが、親がとるべき行動のように思えます。しかし、実際には親がまずつけるのが正解です。なぜかというと、親がしっかりと酸素を吸えている状態でないと、子どもを助けることができないからです。

受験期の親子もそれと同じで、支援者である親御さんがまず心のあり方を整えることが大切です。子どもは受験に対して不安になったり心配になったりして、感情が浮き沈みすることもあります。そんな子どもに冷静に対処するには、親御さん自身の心を安定させることが何よりも大事です。

人は、ある出来事があって、その影響によって自分に喜怒哀楽が生じると考えがちです。ただ、子どもが成績が伸び悩んでイライラしているという出来事に対して、不安になる親御さんがいる一方で、平静を保てる親御さんがいるのも事実です。そのような差が出るのはなぜかというと、出来事に対するとらえ方が違うからです。自分自身の気持ちは、出来事をどうとらえるかによって決まります。とらえ方というのは心の持ち方と言い換えることもできます。

成績が伸び悩んでいるという出来事を見て不安になっているとするなら、なぜ不安になっているのかを自分に問いかけて考えます。「うちの子は合格できるだろうか」と考えて不安になっているとするなら、そのとらえ方に対して、「果たして本当にそうなのか」

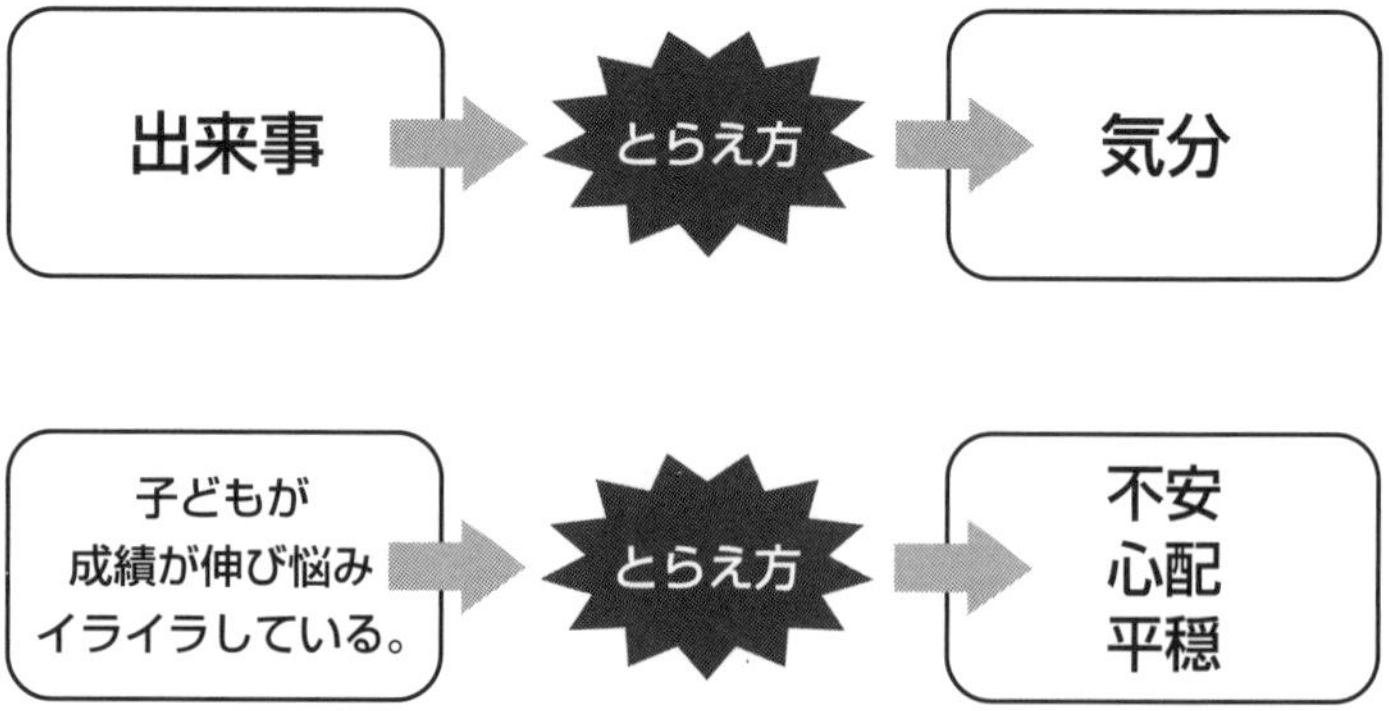

出来事のとらえ方

と自分自身と議論してみることが大切です。

そうすると、成績が伸びないと悩んでいるとはいっても、成績が伸びていないのは実は英語だけだと気づき、受験前には目標とする成績には到達する見込みだから大丈夫だと思えるようになります。そうすると不安や心配は消えて、平穏や安心を得ることができ、伸び悩んでイライラしている子どもに冷静に対処できるようになります。

もし不安になったときには、左表に示すように状況や感情を整理していきます。

まずは出来事を書き、今の気分を数値化します。そして、出来事について自分がどのようなとらえ方をしているかを考えます。その

出来事	子どもが成績が伸び悩みイライラしている。
気分・行動	心配（80%）焦り（20%）
とらえ方	このままでは大学に落ちて、行くところがない。
抗議・議論	本当に行く大学がなく路頭に迷うのか？ まだ本番まで4カ月ある。 英語だけができていない。
気分・行動	安心（60%）心配（40%）

気分を数値化

とらえ方に対して自分のなかで議論して、結果として、気分がどう変化したかを最後に書きます。

この例でいうと、議論する前の心配が80%のときと、議論のあとの40%のときでは、子どもにかける言葉が変わるはずです。こういった思考の訓練をしておき、保護者がごきげんな状態でいることが、受験を成功に導くためのなによりのサポートになります。

合格を手にした先に待つのは大学生・社会人としての人生

教育メソッドで培った集中力と思考力は子どもにとっての財産となる

Chapter ***4***

人生の選択肢を広げていく

私の塾では、これまでＭＡＲＣＨをはじめとする私大文系の合格に的を絞ってきました。しかし、多くの生徒が集まるようになってきた今、理系の大学や国立大学も視野に入れて、より多くの人たちの人生の選択肢を広げられるようにしていくことを目指しています。それが生徒の人生の選択肢を広げていくことでもあると考えるからです。

教育コンテンツは山ほどあり、安価に授業動画が観られるサービスも登場しています。「誰が何をどんなふうに教えるか」ということの価値がなくなってきているなかで、塾・予備校の役割は受験勉強をやりきれるようにサポートすることに重心が移ってきています。今後は生徒の学習習慣をいかにつけていくか、継続して学習できるためにどのようにサポートしていくかということがますます重要になるはずです。それができるかどうかによって塾・予備校の実績に差が出てくることが予想されます。

受験勉強をしていくうえで計画を立てますが、計画というのは必ずといってよいほど崩れるものです。それには大きく二つの理由があります。

一つは自分のできる勉強量を適切に把握できていないということです。自分の実力では到底こなせないような無理な計画になっていれば、その計画は崩れます。

もう一つはメンタルの状況によって集中できないということです。受験生の場合は特に、成績が思うように伸びない不安や、受験に対する漠然とした不安などから計画が崩れてしまうこともよくあります。

そんなときに、信頼関係のできている大人が寄り添ってサポートすれば、生徒は気持ちを立て直して再び目標に向かって頑張れるようになります。

このサポートの部分に関していえば、私大文系であるとか私大理系であるとか国立だとか医学部だとか、どの大学を目指しているかは関係ありません。そう考えると、これまでに磨いてきたノウハウを活用することで、さまざまな大学を志望する人に対して付加価値を提供できるはずです。

当たり前のことを当たり前に

私の塾は1クラスの生徒が平均10人の少人数制ですが、公立高校であれば1クラスに最大40人の生徒がいます。自分の子どもの授業参観に行くと、学校の先生は大変だろうと思わずにはいられません。しかも学校にはいろいろな子がいて、それぞれの学力はバラバラですし、きちんと先生の話を聞いて積極的に授業に参加している子もいれば、ぼんやりと外を眺めている子もいます。なかには授業中に立ち上がって歩き回っている子もいます。

私の経営している塾が成果を出せるのは、一人の先生が見ている生徒の数が少ないからでもあります。もともとは小さな個人塾からスタートしているので、そもそも人数が少なかったという時代もあるのですが、全体の生徒数が増え、教室の数が増えても少人数制をかたくなに守っているのは「ダサいことをしたくない」という思いからです。目先の利益にとらわれて収益性ばかりを追求するやり方は「ダサい」と私は思います。

さまざまな塾・予備校を見てきたなかで心に決めているのは、利益だけを追求して生徒のためにならないことをするような塾には決してしないということです。社会に対して意味のあることをやらないのなら、わざわざ会社を立ち上げて運営する意味がありません。そうやって人の人生にとって意味があることにこだわり続けた結果が、少人数制対話式授業や週に1回の1on1面談という今の私の塾のシステムです。

人生にとって意味があるというのは、人生の付加価値になることだと言い換えることもできます。キーエンス時代にやってきた付加価値の追求を、教育というフィールドで今も続けているのです。

授業を受けるということだけを求めるなら、一人で授業の動画を観ればよいことになります。しかし、同じ動画を観て同じだけの知識を得たとしても、そのときに近くに信頼できる大人がいて、日々の学習の様子をよく把握したうえで「頑張っているね！」と声をかけてくれるとしたら、ただ知識を得るだけではない付加価値が生まれます。認められたことによって生徒自身の自己肯定感が上がることもありますし、モチベーションの維持につながることもあります。これらは受験勉強をやり抜くうえで大きな原動力になります。

子どもを塾・予備校に通わせる保護者の大半は、塾に入れさえすればあとは塾がしっかり面倒を見てくれるだろうと思っています。

ただ、多くの塾・予備校では、できない生徒は放置されがちです。特に収益を第一に考えるような塾では、できない生徒は合格実績に結びつかないので辞められても構わないという扱いをされることもよくあります。本来なら、そういう生徒こそこれからの人生を生きていくためにも受験を通してやり抜く力を身につける必要があるのに、サポートを受けられないまま放置されれば、当然志望校に不合格という結果になってしまいます。

私の塾では、正社員であるプロの先生が一人ひとりに寄り添って、志望校合格のための正しい勉強を、正しいやり方で最後までやり抜く経験をさせることを徹底しています。

受験までには成績が伸び悩むこともありますし、言いようのない不安に襲われることもあります。それでも、受験のことや生徒を伸ばすためのコーチングを熟知した大人が一生懸命に関わるということをまっすぐにやってきました。

スタッフ全員が同じ質と内容の対話式授業を提供でき、ポジティブ心理学の理論に基づいた同じ質と内容の1on1面談ができるようにするため、全員を正社員として雇用し、きちんと研修をしています。スタッフ全員が正社員というのは、アルバイトを雇うよりも人件費がかさみますし、正社員として雇用する以上は会社側に責任が伴います。それでも、あえて全員が正社員ということにこだわるのは、生徒が志望校に合格できるように、当たり前のことを当たり前にやりたいからです。

当たり前のことを当たり前にやる、というのは活字にしてみると、そんなことは当然だろうと思われるかもしれませんが、この業界ではそれが付加価値になるのが現状です。そのため、塾・予備校選びが志望校の合否を決める分かれ道になり得るのです。

志望校合格はゴールではなくマイルストーンの一つ

大学受験において志望校合格はゴールのように見えるかもしれませんが、それは長い目で見ると人生のマイルストーンの一つに過ぎません。

志望校に合格して大学生になった生徒は、いずれ大学を卒業して社会に出ていくことになります。受験勉強に打ち込むことで養われた「やり抜く力」と「折れない心」は、その先の人生でも必ず役に立つと私は信じています。

1on1面談で一人の生徒と週に1回の面談を続けていくと、大学受験という機会を通して生徒が成長していくことを実感します。例えば、最初は悩みが出てくるたびに「先生、私どうしたらいいですか？」と聞いてばかりいた生徒が、次第に「私はこうしたらいいんじゃないかと思うんですけど、先生はどう思いますか？」というように相談ができるようになります。当初は手軽に正解を知りたがってばかりいた生徒が、対話式授業や1on1面談で自分の考えを問われる経験を積んでいくうちに自分の頭で考えるようになります。そして、きちんと自分の意見を表明したうえで、それに対して先生に意見を求めることができるようになるのです。

ただ、生徒が卒塾したあとの姿を見ていて感じるのは、大学に入学した途端に「やり抜く力」と「折れない心」が弱くなってしまうということです。

受験を通して生徒たちは目標のために自分を律し、やるべきことを最後までやり抜くという成功体験を得ます。しかし、大学に入ると環境が一変します。目の前の「やるべきこと」にまっすぐ取り組んでいればよかった受験生時代と違って、大学生になると選択の幅が広がります。「学びたい授業より、楽に単位を取れる授業を」「入学時に目標としていた資格試験の勉強をしなくなる」など、徐々に堕落していってしまう人もいます。「やってもよいこと」や「やらなくてもよいこと」に囲まれるようになると、多くの学生は最も楽な「やらない」という選択をするようになってしまいます。

合格マインドの授業を通して「成功のためには不快なほうを選択する」のが有効だと身をもって体験したはずなのに、ついつい楽なほうに流れるようになってしまうのは特別なケースではありません。受験生の頃のように、周りに同じ目標に向かって頑張っている仲間がいるという環境なら、「不快」なほうを選べます。ただ、一般的に大学生になると全員が同じ目標に向かって一斉に頑張るという場面は極端に少なくなります。

「折れない心」についても同様のことがいえます。受験生時代は志望校合格に向かう正しい道を「折れない心」で駆け抜けました。しかし、大学以降は進む先が一本道であるとは限らず、道なき道を自分で切り拓いていかなければならないこともあります。生徒たちは受験を通して何度もくじけそうになりながらも最後まで頑張り抜く「折れない心」を養ってきましたが、未知の壁にぶつかったり行き詰まったりすれば、心が揺らぐこともあります。

特に、MARCHのように規模が大きくて学生の人数も多いところに所属していると、大学からきめ細かいサポートを受けることは難しくなりがちです。悩みが生じて大人からのアドバイスが必要なときに相談できる相手が身近にいればよいのですが、心を開いて話せる大人はそう簡単に見つかるものではありません。

そんなときのために、私たちは生徒たちにとっていつまでも相談できる存在でありたいと思っています。受験までの10カ月間、授業や週に1回の1on1面談を通して濃密に関わってきたからこそ、志望校合格の先にもできることがあると考えているのです。

「やり抜く力」と「折れない心」を長いスパンでサポートする

毎年6月頃になると、春に志望校に合格して卒塾していった生徒たちが塾に遊びに来ます。そして決まって口にするのが「大学に入ったものの、何をしたらいいか分からない」

という悩みです。せっかく志望校に合格したのに、受験生の頃のほうが充実していて楽しかったというのです。

大学に入ったばかりの学生はどうしても発想が受験の延長になってしまいがちなところがあります。例えば、「就活を見据えたら、早いうちからTOEICで高得点が取れるように勉強しておいたほうがよいのか」「就活に備えて何か資格をとろうと思うが、どんな資格を取ればよいのか」などといったことを相談に来て、自分なりの結論を見つけて帰っていきます。

その次に卒塾生がやって来るタイミングが大学3年生の夏前です。就職活動がスタートするので、どのように活動をしていけばよいのかを相談しに来ます。

私は学生時代に就活支援団体を立ち上げて活動していたことがあり、これまで相談に来た学生には、そのときの経験を活かしてアドバイスをしていました。2022年からはキーエンス時代の同期で私の会社のCOO（最高執行責任者：Chief Operating Officer）を務める塚田 哲《さとし》氏と一緒に事業として取り組んでいます。

多くの学生が就職活動の初期につまずくのは「ガクチカがない」ということです。つまり、エントリーシートの自己ＰＲに使えるような「学生時代に力を入れたこと」がないというのです。そこで、まずは強み診断を受けてもらい、自分の強みの特性を知ったうえで学生時代のことを一緒に対話で振り返っていきます。

学生は、全国大会で○位や○○テストで満点などといった、数字の入った分かりやすい実績を重視しがちです。しかし、実は日々のアルバイトのなかでやっていた小さな工夫などの身近なところに、ほかの人にはまねできないような強みが含まれていることがあるものです。

そのため、強み診断で明らかになった内容を踏まえて一対一で対話をし、学生時代のエピソードを掘り下げていきます。すると、自分の強みを裏付けるような「ガクチカ」が必ず見つかります。そのうえで、企業がどういう人を求めているかということと自分の強みを照らし合わせていきます。具体的には、社会人基礎力に自分の強みを当てはめます。「社会人基礎力」とは、２００６年に経済産業省が提唱した、「前に踏み出す力」「考え抜く力」「チームで働く力」の３つの能力（12の能力要素）から構成された「職場や地域社会で多様な人々と仕事をしていくために必要な基礎的な力」のことです。この３つの力と自分の強みがど

「人生100年時代の社会人基礎力」とは

「人生100年時代の社会人基礎力」は、**これまで以上に長くなる個人の企業・組織・社会との関わりのなかで、ライフステージの各段階で活躍し続けるために求められる力**と定義され、社会人基礎力の3つの能力／12の能力要素を内容としつつ、**能力を発揮するにあたって、自己を認識してリフレクション（振り返り）しながら、目的、学び、統合のバランスを図ることが、自らキャリアを切り拓いていくうえで必要**と位置付けられる。

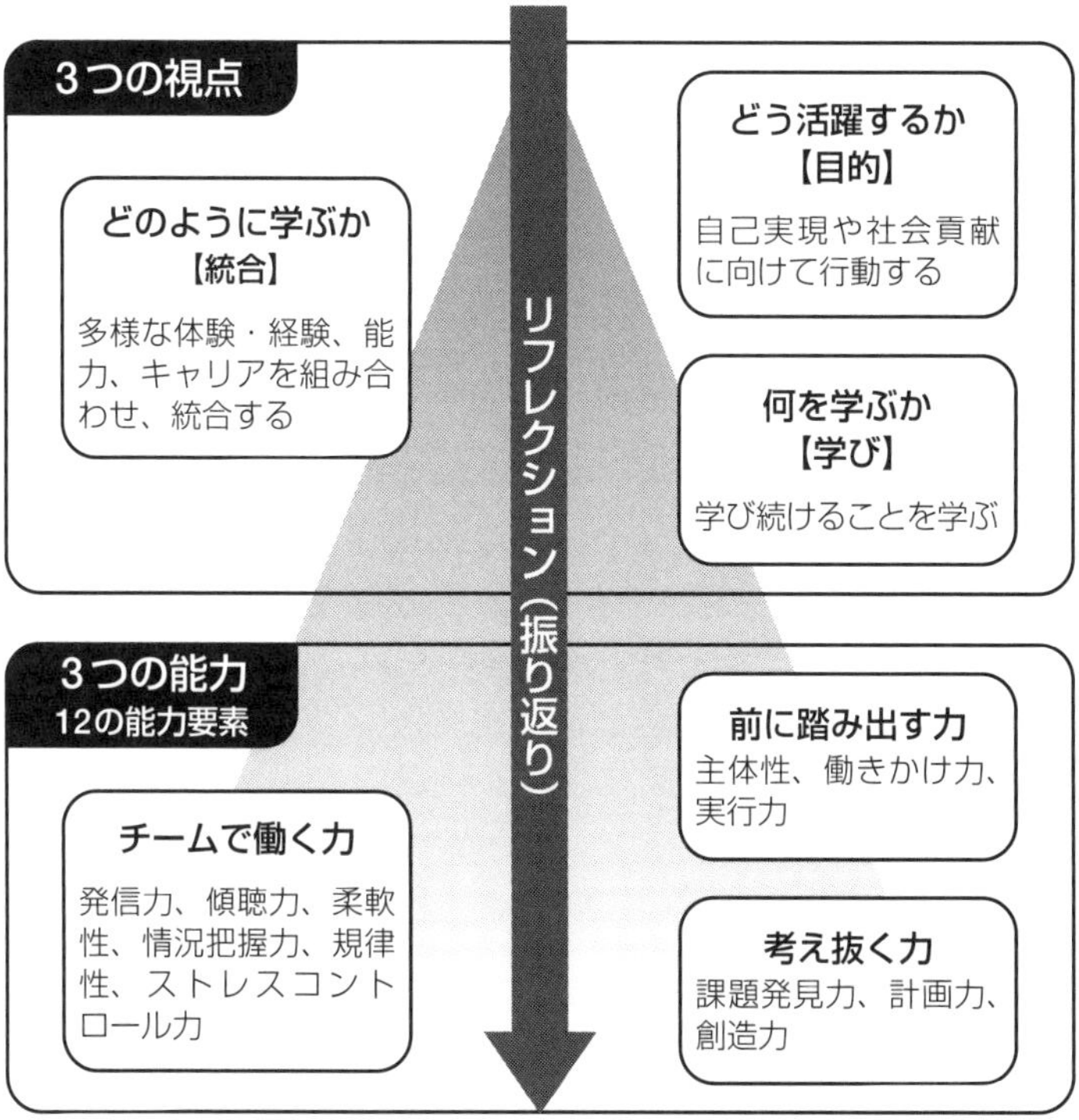

経済産業省「社会人基礎力」を基に作成

う対応するか、志望する会社に応じてどのようにアピールしていくのかを考えます。

そうやって明らかになった強みをエントリーシートに落とし込み、それを私たちが添削します。さらに、エントリーシートの内容について初対面の社会人に正しく伝わるように話せるか、面接の練習を繰り返します。面接の練習は録画しておき、映像を観ながら振り返りをして修正してブラッシュアップしていきます。

私たちも全力で学生と向き合うのでかなりエネルギーを使う取り組みなのですが、全員が第一志望群に合格していく姿を見ると、十分に付加価値を与えられたのではないかと感じます。

そうやって学生たちをサポートするなかで感じるのは、就職活動を通して学生本人に「踏み出す力」がついていくということです。学生生活のなかで失っていた力を取り戻していくともいえます。

就職活動を始めたばかりの頃は、多くの学生がエントリーすること自体を躊躇して、「どうせ受かっても入社する気はないから」などと理由をつけて、最初の一歩を踏み出そうとしません。エントリーしてみることを勧めても挑戦する前に逃げようとしてしまうのです。

それでも、私たちが少しだけ背中を押してあげることで、一度でも挑戦してみるという経験をすると、学生の姿勢が劇的に変わります。挑戦することへのハードルがぐっと下がり、こちらから何も言わなくても「次はこの会社も受けてみます」「今回の反省を活かして、次はこんなことに挑戦してみます」などとチャレンジできるようになるのです。

就職活動で望む結果を手にするには、失敗を恐れずに挑戦して失敗から学んでいくことが重要です。そのためにはまずチャレンジする回数を増やさなければなりません。ミスを恐れずにチャレンジできるようになるというのが、就職活動を通して学生がいちばん成長する点です。

これからは企業と連携して発展させていきたいとも考えています。大学1・2年生にはインターン先を紹介し、3年生になったら就職活動支援をして、就職したあとにキャリアチェンジを考えるようになったときには転職エージェントとしてというように、これまでのような大学受験の一瞬だけの関係ではなく、長い目で一人ひとりの成長を見守れる総合教育機関への発展を目指しています。

おわりに

入塾したいと体験授業に訪れた高校生に、私はほかの予備校を勧めることがあります。勉強することが好きで、自分の志望校合格に向けて自ら計画を立ててコツコツと努力できるタイプの生徒であれば、大手の予備校であっても本人が望む結果が出せると思っているからです。

しかし、高3の4月から受験勉強を始めようという生徒のほとんどは、そういうタイプではありません。大学受験からは目を背けてきて、勉強する習慣もなければ、基礎も身についておらず、誘惑にはついつい負けてしまう、といったケースが多いのです。そんな生徒がネームバリューのみに惹かれて大手の予備校に通っても、勉強をした気になるだけで授業についていけずに合格からは遠のいてしまいます。そもそも高3は受け入れてもらえず、門前払いとなることもあります。

頑張りたいけれどもどう頑張ればよいのかが分からない、という切実な悩みを抱えて途方に暮れている受験生の姿は、かつての自分にも重なります。

自分自身が2浪してどん底にいたとき、村山先生の「努力の仕方を間違えていただけ。これから1年頑張れば必ず早稲田に受かる」という言葉は希望の光になりました。実際に、正しいやり方で努力をした結果、成績はみるみるうちに伸びて志望校に合格することもできました。

村山先生のノウハウを再現性のあるものにして、一人でも多くの受験生の力になりたいという一心で私はこの塾の運営をしてきました。

今では教室の数も増え、社員も多くなりました。最近では口コミで評判が広まり、遠方から問い合わせが入ることもあります。

塾を展開していくうえで基礎となったのはキーエンスで学んだことでした。凡事徹底、数字の可視化、付加価値の追求など、キーエンスで行われていたさまざまなことを塾の運営に応用してきました。

もちろん最初からすべてがうまくいったわけではありません。それでも運用しながら試行錯誤を重ね、柔軟にアップデートを繰り返して今に至ります。

最近では入社年次にかかわらず、社員からボトムアップで提案が上がってくることも増えました。例えば、生徒の合格実績が上がってきて、MARCHだけでなく早稲田大学を受ける生徒も増えてきたことから、早稲田を受験するためのコースを新しくつくったり、より個別対応ができるように個別指導を始めたりと、社員からの提案が次々に形となっています。

また、学生の就職活動を応援し、より長いスパンで生徒の成長を見守れるような事業も、今後展開していく予定です。

当たり前のことを当たり前にやる、というキーエンスで学んだ「凡事徹底」は実に地味です。しかし、当たり前のことをやりきることが成功への最短経路であることは間違いありません。正しい方法でやり抜くことで、ゼロから始めて10カ月でMARCH以上の合格を手にしてきた生徒たちがそれを証明しています。

今、塾選びに悩んでいる人、高3の4月から受験勉強を始めようとしたものの受け入れてくれる塾がなくて困っている人、そして現役生のときに受験に失敗して絶望している人にとって、この本が希望の光となることを願ってやみません。

末筆となりましたが、本書の執筆にあたり多大なる協力をいただいた弊社ＣＣＯ村山雅俊さん、ＣＯＯ塚田　哲さん、顧問である松隈信一郎さんはじめ、弊社の成長に貢献してくださったすべての方に、この場を借りて改めて感謝申し上げます。

最後までお読みくださり、ありがとうございました。

小路永啓多（しょうじなが けいた）

株式会社EDIT STUDY代表取締役CEO。

1985年東京都生まれ。大学受験では１浪目は大手予備校に通うも全滅。２浪目はDiet Study（現EDIT STUDY）に通い早稲田大学商学部に進学。

就職活動ではリーマン・ショックによる市況悪化の影響を受け、前年度140人から20人まで採用枠が激減したなか、第一志望であった株式会社キーエンスに入社。キーエンスでは徹底した仕組み化と人材育成の風土のなかで経験を積む一方、いずれは教育業界で働きたいという想いの実現へ向け、28歳のときに起業を決意。

一人ひとりのゴールに伴走することで「やり抜く力」と「折れない心」を養い、より多くの人たちに「人生の選択肢の広がり」を提供する。

このVisionを掲げ、通ってくださる生徒さまへのクオリティを最優先に、「正社員のみ」「少人数対話式授業」「1on1面談」というコンセプトに基づき、１年に１～２校ずつ校舎を新たに展開し、生徒数としては創業から９年で10倍を超える成長を実現している。

本書についての
ご意見・ご感想はコチラ

たった10カ月でMARCH合格へ導く
最強教育メソッド

2024年1月31日　第1刷発行

著　者　　小路永啓多
発行人　　久保田貴幸

発行元　　株式会社 幻冬舎メディアコンサルティング
〒151-0051　東京都渋谷区千駄ヶ谷4-9-7
電話　03-5411-6440（編集）

発売元　　株式会社 幻冬舎
〒151-0051　東京都渋谷区千駄ヶ谷4-9-7
電話　03-5411-6222（営業）

印刷・製本　中央精版印刷株式会社
装　丁　　秋庭祐貴

検印廃止

Printed in Japan
ISBN 978-4-344-94762-7 C0037
幻冬舎メディアコンサルティングＨＰ
https://www.gentosha-mc.com/